le guide di

Collezione da Tiffany

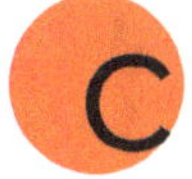

deborah mendolicchio

# ISPIRA te stesso

manuale di orientamento professionale in
**arte, cultura e spettacolo**

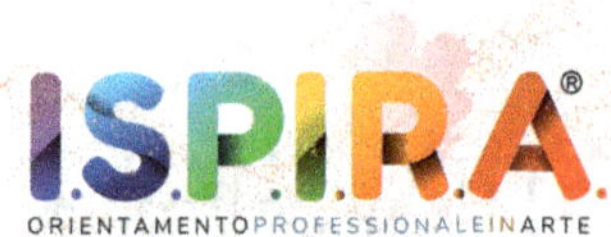



Deborah Mendolicchio

**ISPIRA te stesso**
**manuale di orientamento professionale in arte, cultura e spettacolo**

ISBN 978-88-32232-35-6
© 2024 con-fine
Tutti i diritti riservati.

con-fine. libri per il collezionismo
Viale XI Febbraio, 11 - 60121 Pesaro (PU)

**www.con-fine.com**
info@con-fine.com





Prima edizione con-fine: Giugno 2024

**www.collezionedatiffany.com**

*A Giulia, a Giuseppe, i miei amati figli.*
*A Marco, il mio compagno di vita dai tempi dell'Accademia*

*Quando vi guardo vedo in voi la scintilla creativa e mi sento
responsabile di generare un fuoco vorticoso di possibilità
artistiche nel mondo!*
*Per me, per voi, per l'umanità ispirata.*

ISPIRA

about

# a cosa serve
# come usarla

# Per cominciare...

Benvenuto in questo percorso!

Man mano che leggerai le pagine di *Ispira te stesso*,
vedrai che è stato concepito come una bussola
per aspiranti operatori culturali, con una visione
multisciplinare e trasversale.

Puoi considerarlo una guida alle professioni, uno
strumento di approccio all'inserimento, uno specchio
per riscoprire il tuo vero talento e trovare la tua strada
nel mondo del lavoro!

È diretto ai laureandi, ai neolaureati, agli autodidatti
che fanno un lavoro differente e stanno scegliendo di
formarsi per cambiare settore a qualsiasi età.

È per te che desideri vivere di arte e cultura e non
sai quale specializzazione prendere, quale percorso
professionale fa davvero al caso tuo, come inserirti nel
mondo del lavoro.

L'arte e la cultura rappresentano una delle aree più
interessanti della nostra società. Trasmettono la
nostra storia in modo indiretto, le esperienze umane
tramite forme espressive meravigliose che restano
impresse nella nostra mente.

L'arte e la cultura, si spingono ben oltre lo sguardo di
superficie secondo cui le opere avrebbero una funzione
puramente d'uso.

L'arte porta in superficie molta della profondità
dell'uomo: il desiderio di creare, comunicare,
condividere la propria sensibilità il proprio sguardo
sul mondo, la propria intuizione insieme a quella
della collettività. Pensa alle pitture rupestri, prima di
qualunque processo di civilizzazione moderna, l'uomo
già parlava con le forme e i colori alla propria micro-
comunità di grotta.

È insita nell'uomo la necessità di parlare anche con la
lingua dell'arte in senso trasversale.

Nella nostra contemporaneità, abbiamo trascurato il
contatto con il nostro istinto primordiale e trascurato
le nostre intuizioni.
Intraprendere una carriera che sensibilizza il pubblico
fruitore all'introspezione e alla riflessione interiore
attraverso l'arte, ci espone a incomprensioni e critiche
sulla concretezza di questa missione, come "con l'arte
non si mangia", "l'arte è effimera" e "l'arte non serve".

L'obiettivo di queste pagine è anche supportarti
nell'elaborare un percorso professionale gratificante
e sostenibile, scelto con consapevolezza e accuratezza
degli aspetti anche economico finanziari.

Allora come rendere concreta una carriera in arte?

L'orientamento professionale è fondamentale, è la
pietra angolare del tuo "edificio" carriera.
Attraverso una precisa pianificazione derivante
dall'essere ben informato, puoi realizzarti in completo
allineamento ai tuoi interessi e obiettivi personali.

Le informazioni sul mercato dell'arte e della cultura
che troverai nella pagine a seguire, richiedono
determinazione, impegno e resilienza perchè diventino
uno strumento pratico.
Per questo affronteremo insieme anche qualche
tematica utile a sviluppare consapevolezza,
motivazione costante, auto disciplina, auto cura.

Buon viaggio!

# Questo libro ti aiuterà a...

Conoscere la mappa delle professioni della cultura al fine di scegliere la tua con chiarezza!

Scoprire come portare
il tuo sogno fuori dal
cassetto grazie al tuo
progetto

Creare un piano di azioni
pratiche, perchè avere
un sogno richiede grande
radicamento nella realtà
per trasformarlo nel lavoro/
missione della propria vita,
tramite una sessione di
mentoring con me
(da prenotare a fine libro)

# Istruzioni per l'uso

Per rendere tutto più agevole e
permettere una lettura a più livelli,
in alcuni punti della guida troverai
delle sezioni contrassegnate da
icone che ti permetteranno una
navigazione più semplice attraverso
il mondo della conservazione.

# promemoria

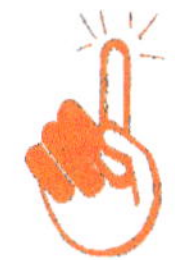

i box contrassegnati con questa icona contengono un rapido riassunto delle cose principali da ricordare.

# consigli dell'esperto

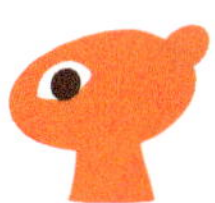

i box con questa icona contengono dei consigli utili frutto dell'esperienza sul campo.

# domanda

i box con questa icona contengono le domande a cui tu devi rispondere per decidere come procedere in determinate situazioni

# attenzione

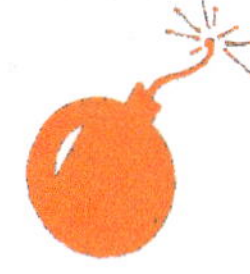

infine i box con questa icona vi metteranno in guardia dai rischi più comuni per evitarvi brutte sorprese.

il metodo di orientamento
# I.S.P.I.R.A.

Quando ho iniziato ad occuparmi di arte e cultura, avevo venticinque anni, eravamo nel 2004/2005, appena diplomata in Accademia di Belle Arti, vecchio ordinamento.

Lavoravo già da tempo. Dall'età di quattordici anni ho sempre voluto supportare le fatiche della famiglia rendendomi utile come cameriera, barista, gelataia, dog sitter o stagionale estiva.

D'inverno studiavo, d'estate lavoravo.
Spesso ero stanca e vedevo gli amici intraprendere viaggi, riposarsi e svagarsi.
Tuttavia, ero determinata e felice di combattere per ciò in cui credevo.

Ho studiato al Liceo Artistico P.L. Nervi di Ravenna prima di iscrivermi all'Accademia di Belle Arti di Bologna. Ricordo che, alla fine della terza media i voti nelle materie artistiche e culturali erano alti sia nelle discipline manuali, che in quelle storico artistiche.
In fase di orientamento scolastico verso le scuole superiori, i docenti insistevano su una certa versatilità delle mie prestazioni scolastiche. Tuttavia sconsigliavano di proseguire nel settore artistico ragionando sul fatto che si fa fatica a trovare impiego stabile nel mondo dell'arte e della cultura. Oggi mi domando sul perché spegnere talenti, desideri e passioni di uno studente a quell'età, in cui la scuola andrebbe scelta per scoprire, scoprirsi e non per trovare lavoro... (poi è anche da verificare se esiste un lavoro stabile).

Cosa pensi sia successo quindi?

Beh, io sono stata molto fortunata perchè mio nonno paterno era pittore - Accademia di Brera Milano - nonché musicista, e ha trasmesso a mio padre l'amore per la musica (infatti ha studiato al conservatorio come anche mia sorella) e io ho proseguito nel mondo dell'arte.

Per la mia famiglia di origine la creatività è un dono di Dio e i doni di Dio non vanno mai sprecati.

Quanto conta questo appoggio famigliare in età evolutiva? TANTISSIMO!

Se ti trovi a intraprendere un percorso artistico senza l'approvazione della famiglia, oppure a non aver studiato arte perchè non ti è stato permesso, sappi che ciò che conta veramente sei tu, la tua determinazione e l'informazione adeguata.

Dal 2005 ad oggi, l'arte è stata la mia sola fonte di reddito, per questo, dopo cadute e risollevamenti, sperimentazione e analisi, studio e sviluppo di nuove competenze, ho scritto un metodo che, se applicato interamente, ti può davvero portare da zero al business plan di una carriera in arte e cultura in completa autonomia.

Il metodo è registrato come marchio e si chiama I.S.P.I.R.A.®

L'ispirazione è arte!
Essere ispirati è quello stato di grazia che ti immerge nelle possibilità creative.

Ispirare somiglia anche a inspirare.
Per assonanza, questo nome porta ossigeno al cervello!
Ispira è anche un suggerimento: ricorda di essere di ispirazione in tutto quello che sei e che fai.
Ispira con l'arte e la cultura!

Ispira è anche un processo meditativo per riconnettersi
al vero scopo della propria vita.
Grazie ai suoi colori, ci porta in un viaggio percettivo
allineato al lato intangibile della nostra persona: indaco,
azzurro, verde/rosa, giallo, arancione, rosso/nero.

Ispira, è suddiviso in lettere distinte e da voce ad un
acronimo.

Se sei qui, probabilmente sei in procinto di intraprendere un viaggio importante: quello che ti condurrà dal mondo accademico alla tua carriera professionale.

Il viaggio in ISPIRA è un percorso che ti guida dall'intuizione alle azioni concrete del coaching.

Inizia con la lettera I, che rappresenta l'intuizione: quel lampo di ispirazione che ti spinge verso nuove prospettive e opportunità.

Successivamente, la lettera S ti porterà nella sostanza, aiutandoti a definire la tua visione e missione nel mondo dell'arte e della cultura. Ma cosa significa davvero avere una visione e una missione? È qui che inizia il nostro viaggio insieme, mentre esploriamo insieme il significato di questi concetti e il loro impatto sulla tua carriera.

Dopo la sostanza, ci immergeremo nella lettera P, che simboleggia il tuo progetto professionale. Che tu stia puntando a diventare un artista affermato, un curatore di mostre stimato o un professionista del settore culturale, è fondamentale avere chiare le tue ambizioni e obiettivi. Ma non finisce qui.

La lettera I ci condurrà alla scoperta dell'identità, un concetto cruciale nella comunicazione e nel successo professionale. Potresti chiederti: "Chi sono io nel mondo dell'arte e della cultura? Qual è il mio pubblico di riferimento?" Insieme, esploreremo queste domande a definendo la tua identità professionale in modo chiaro e convincente.

È importante ricordare che ognuno di noi ha già un'identità, anche più di una, che si sviluppa nel corso della vita. Tuttavia, nel contesto del nostro percorso professionale nell'arte e nella cultura, diventa essenziale fare delle scelte identitarie mirate agli obiettivi di carriera che ci siamo prefissati. Questo significa comprendere chi siamo nel contesto del settore artistico e culturale e come vogliamo essere visti e percepiti dagli altri professionisti del settore. Scegliere consapevolmente le nostre identità professionali può aiutarci a distinguerci nel mercato del lavoro e ad avvicinarci ai nostri obiettivi con maggiore chiarezza e determinazione.

Infine, giungeremo alla lettera R, che rappresenta le relazioni e creeremo insieme il piano di azioni con la lettera A.

Nel mondo degli affari artistici e culturali, le relazioni sono fondamentali. Ma cosa significa davvero costruire e mantenere relazioni d'affari nel nostro settore? È un argomento complesso, ma insieme esploreremo le dinamiche delle relazioni professionali e impareremo come coltivarle per il tuo successo futuro.

Intuito

*...e uno dopo l'altro quegli esseri straordinari
che vengono chiamati colori
venivano fuori esultanti festosi, riflessivi,
fantastici immersi in sé, vivi in sé e per sé,
singolarmente dotati di tutte le qualità necessarie
a condurre una vita autonoma
e pronti in ogni momento
a piegarsi spontaneamente
a nuove combinazioni a mescolarsi fra loro
e a creare serie infinite di mondi nuovi.*

Vasilij Kandinskij | Sguardi sul passato

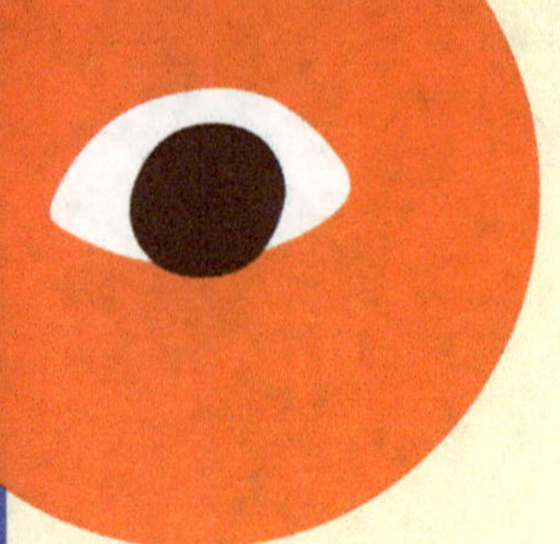

# focus



**giallo** — dotato di una follia ricca di vitalità viene paragonato al suono di una tromba, di una fanfara. Il giallo indica anche eccitazione quindi può essere accostato spesso al rosso.

**azzurro** — è il blu che tende ai toni più chiari, è indifferente, distante ed è paragonabile al suono di un flauto.

**rosso** — è caldo, vitale, vivace, irrequieto ma diverso dal giallo, perché non ha la sua superficialità. L'energia del rosso è controllabile, quella del giallo più libera. Il rosso medio è profondo, il rosso scuro è più meditativo. È paragonato al suono di una tuba.

**arancione** — esprime energia, movimento. Paragonato al suono di una campana o di un contralto.

**verde** — è mobilità in una assoluta quiete, soltanto verso il giallo acquista energia. Paragonato ai suoni di un violino.

**viola** — è instabile ed è molto difficile utilizzarlo nella fascia intermedia tra rosso e blu. È paragonabile al corno inglese, alla zampogna, al fagotto.

è il colore del cielo, è profondo;
quando è intenso suggerisce quiete, quando tende al
nero è drammatico, quando tende ai toni più chiari le
sue qualità sono simili a quelle dell'azzurro, se viene
mischiato con il giallo lo rende malto.
È associato al suono del violoncello.

**blu**

è l'equivalente del verde che rappresenta la quiete,
ma mentre il verde racchiude l'energia del giallo, nel
grigio c'è mancanza di movimento.

**grigio**

si ottiene mischiando il nero con il rosso ma l'energia
di quest'ultimo è soffocata.

**marrone**

è dato dalla somma di tutti i colori, ma una somma in
cui tutti i colori scompaiono.

**bianco**

è mancanza di luce, è un non-colore.

**nero**

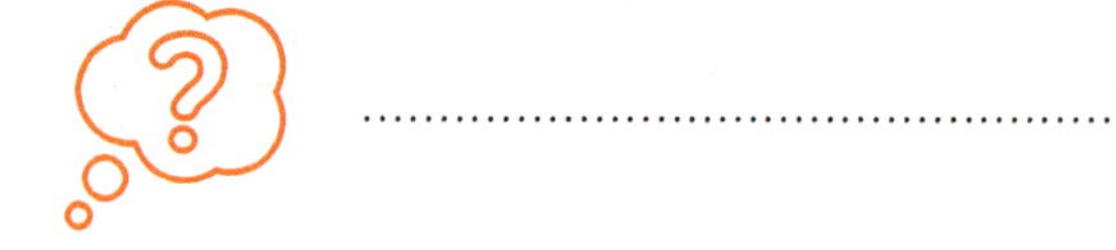

A metà strada fra l'azzurro e il viola, l'indaco ci aiuta a dialogare con la nostra spiritualità, non intendendo religiosità o dogmi, bensì il risveglio del nostro lato intangibile, quello con cui meno entriamo in contatto consapevole e che più attraversa la nostra percezione.

Per Kandinskij, ad ogni colore corrisponde un significato sinestesico.
Ne *Lo spirituale dell'arte* attribuisce alle gradazioni delle sensazioni, delle emozioni che suscitano nella percezione, paragonandole a strumenti musicali.[1]

**Leggi l'interpretazione di questi colori e poi fai un'esercizio che stimola il tuo intuito.**

**Guardali attentamente uno ad uno e scrivi cosa senti tu, cosa ti fanno venire in mente...**

**Emozioni?**

**Profumi?**

**Ricordi?**

1    *Wassily Kandinsky, Sullo spirituale nell'arte, 1910*

# exercise



**giallo**

.......................................................................
.......................................................................
.......................................................................

**azzurro**

.......................................................................
.......................................................................

**rosso**

.......................................................................
.......................................................................
.......................................................................

**arancione**

.......................................................................
.......................................................................
.......................................................................

**verde**

.......................................................................
.......................................................................

**viola**

.......................................................................
.......................................................................
.......................................................................

...................................................................................... blu

......................................................................................

......................................................................................

...................................................................................... grigio

......................................................................................

......................................................................................

...................................................................................... marrone

......................................................................................

......................................................................................

...................................................................................... bianco

......................................................................................

......................................................................................

...................................................................................... nero

......................................................................................

......................................................................................

Questa è la sfera dell'intuito!

Quella fulminea botta di idee poco logiche e super potenti che potrebbero salvarci perfino la vita.

Queste scendono prima nei sensi e ci fanno saltare sulla sedia. Solo dopo arrivano nella logica e lì, spesso le sviliamo, non ci crediamo, le lasciamo correre via... peccato!

Perchè sono le stesse che ci fanno schivare un ostacolo improvviso oppure permettono a Kandinskij di restare nella storia.

La 'I' nel metodo di Ispira rappresenta il percorso verso la scoperta del nostro vero sé, prima di scegliere una professione. Questo vero sé è stato confuso da influenze esterne come l'educazione, i media e la società, ma continua ad esistere e può manifestarsi se viene ascoltato spiritualmente, mentalmente e fisicamente.

L'intuito è una chiave fondamentale per aprire le porte della propria missone personale e professionale.
È un'abilità che abbiamo tutti, per questo non pensare di doverti trasformare in un filosofo o in un martire per avere una missione di vita, uno scopo.
È la nostra voce interiore che ci fa riconoscere cio che è veramente AUTENTICO per noi.

L'intuizione affiora dai livelli più profondi della nostra vera essenza e, ascoltandola, possiamo avere uno specchio dei nostri desideri più profondi.

È grazie a lei che quotidianamente gestiamo le scelte più difficili sul piano logico. Come quando non sai che fare, eppure prendi la strada giusta.

L'intuizione rivela talenti e capacità a noi nascoste a cui possiamo iniziare a dare spazio consapevole ora che stiamo creando la nostra professione in arte e cultura.

Cogli l'attimo per scoprire e valorizzare il tuo intuito.

- Puoi iniziare a praticare la meditazione in modo costante.

- Puoi iniziare a tenere con te un quaderno (digitale o fisico vedi tu) per appuntare quelle idee fulminee che puntualmente dimentichi in pochi minuti.

- Puoi dare maggiore spazio al disegno abbozzato, in cui i segni della matita si fanno più calmi oppure più spinti, cercando di intuire dove sia il messaggio.

- Puoi semplicemente scrivere pensieri, dedicare tempo ad ascoltare musica, ampliare il tempo che dedichi ad uno svago a contatto con la natura o facendo quello che ti mette in una condizione di ascolto di te stesso.

- Scrivi se, provando una sensazione, hai qualche disagio nel tuo corpo. Talvolta il tuo intuito ti avvisa così.

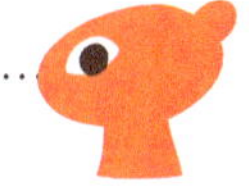

**Passioni e interessi: la chiave di volta.**

Auto-valutazione del talento: sviluppo delle competenze in ambito culturale.

Per allineare se stessi alla propria carriera in modo risonante, è importante partire da chi siamo ora tramite il percorso che ci ha portati fino a qui.

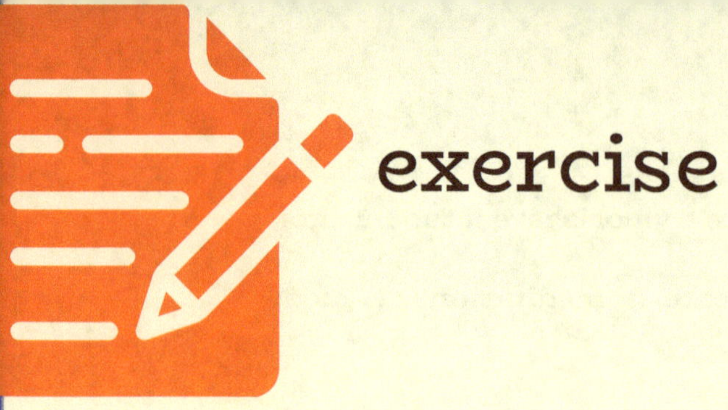

# exercise

Immagina di dover scegliere una maglietta fra 3 colori.

Magari inizi subito a ragionare per abbinamenti cromatici di abiti già presenti nell'armadio, oppure per giudizio esterno "quel colore è sgargiante ti notano tutti", oppure inizi a chiedere ad altri, la commessa del negozio, oppure ad un amico, cosa dovresti comprare.

## FERMA TUTTO!

Adesso chiudi gli occhi, fai 5 o 6 respiri profondi in una posizione comoda e senti i 3 colori tramite l'intuito.

Quale ti fa stare bene?

..........................................................................................

..........................................................................................

Quale si associa a belle emozioni, a bei ricordi?

..........................................................................................

..........................................................................................

Con quale di questi 3 colori entri in risonanza anche se
con il cervello logico non lo compreresti mai?

..........................................................................................

..........................................................................................

Quale di questi ti farà sentire al top in una occasione a
te cara?

..........................................................................................

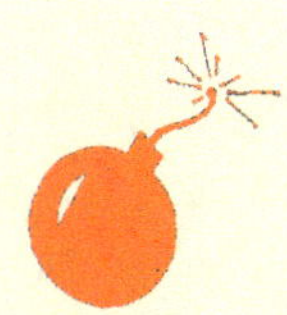

Scegli quello!
Inizia a viverlo addosso, scrivi
cosa senti in assenza giudizio.

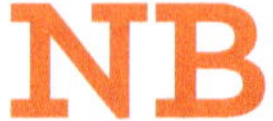 Questo genere di esercizi sviluppano intuito.

Puoi farne un altro molto facile: prova ad indovinare chi ti sta chiamando al telefono!
Oppure chiedi a qualcuno in casa con te di nascondere un oggetto da te prescelto e poi cerca di intuire dov'è.

Falli con leggerezza e spontaneità.
Allenano una parte del nostro cervello che usiamo poco, di cui siamo poco consapevoli.
Si risveglia in qualche occasione e ci trova impreparati, disattenti.

L'intuito sei sempre tu.
Si usa dire "il tuo intuito" ma in realtà è tutt'uno con te. È il te stesso che non ascolti quando ignori i segnali del tuo corpo, delle attrazioni verso hobby o attività che tendi a non concederti.

**Allora come iniziare l'orientamento con la I di Ispira?**

Prendi un quaderno ed annota cosa facevi da bambino, quello che ti rendeva davvero felice.

☐ Disegnavi?

☐ Suonavi?

☐ Leggevi fumetti e racconti?

☐ Altro? ........................................................................

Io ad esempio scarabocchiavo fingendo di scrivere come una segretaria in ufficio, gesticolavo come una persona adulta che da suggerimenti ad un'altra persona. Mi piaceva imitare la consulente bancaria di mia madre. Vederla elegante, come una figura importante, mi stimolava all'emulazione.

Ho dovuto lottare parecchio da adulta per acquisire abbastanza fiducia in me stessa ed accettare che nella vita avrei ambito anche io a ruoli direzionali. Eppure era già lì... nei miei sogni da bambina in età prescolare! Ero affascinata da quel tipo di figura.

Questi ricordi possono aiutarti a far riaffiorare le tue predisposizioni autentiche che magari hai abbattuto a favore di stili educativi differenti dal tuo sentire naturale.
Creando un percorso della memoria, trascrivendo emozioni e sentimenti, troverai una raccolta di pensieri, vecchie intuizioni che hai lasciato andare via.
Ricordo che passavo il tempo a gettare in alto i brillantini (oggi si chiamano glitter). Mentre mi cadevano addosso, immaginavo di trasformarmi in qualcos'altro. Ero attratta dalla magia come possibilità di trasformare qualcosa. Provavo anche a volare, tenendo in mano delle piume e saltando dall'altezza di un pianerottolo, 3-4 scalini.

Non volavo... non mi trasformavo e tuttavia mi sentivo

felice della possibilità! Sapevo che poteva succedere e tornavo a farlo con insistenza.

Oggi, questa "magia" è tornata in forma di ispirazione.
Riesco ancora a sentirmi che se voglio posso!
Che posso!
E mi carico della stessa energia di quella bambina che credeva di poter volare con 2 piume di anatra raccolte da terra.







Puoi affiancare anche tu questo lavoro di introspezione fatto di azioni pratiche come ad esempio metterti alla prova in nuove discipline. Non temere di sperimentare il teatro, la danza, la poesia, il pubblic speacking, e anche altro. Potresti ri-scoprire passioni e talenti nascosti.

Poi rivolgiti anche verso l'esterno: chiedi opinioni su cosa ti rende davvero unico! Abbi la forza di chiedere alle persone cosa davvero è una tua caratteristica unica, quel tratto distintivo che "si vede che qui c'è lo zampino di Deborah". Hai presente quando le persone capiscono da sole chi ha scritto una tal cosa in anonimato oppure ha fatto un gesto senza prendersi il merito? Quella cosa che solo tu puoi avere fatto così! Oppure quella modalità di fare cose comuni in modo unico. Lì c'è il tuo DNA intuitivo.
Può essere anche una critica che ti viene fatta di continuo.

Ad esempio a me dicevano sempre che sono troppo forte, troppo decisa, che sono monolitica.
Restavo male per queste critiche. Poi ho compreso che, in effetti, nella mia persona c'è un tratto distintivo di

forte decisione che irrita alcune persone. Ho compreso
che potevo moderare la mia determinazione e modularla
senza impormi.

Tuttora, ci sono persone che mi dicono di essere felici
della mia determinazione, altri la trovano troppo
forte. La cosa importante è che per me ora è diventato
un tratto distintivo e un punto di forza. Libero la mia
determinazione a favore dei progetti in cui serve un
manager, un direttore. La modulo in altri gruppi di
lavoro in cui non ho quel ruolo.

Le risorse umane che dirigo, si cullano in quella
sicurezza che riesco a trasmettere, loro ne hanno
bisogno e mi ringraziano.

Ti hanno mai detto in diversi che "sei così o così"?
Abbassa un attimo l'ego e cerca di capire se la stessa
critica, altrove, è un pregio, un talento.

"Sei troppo buono, così non combinerai nulla nella vita"
potrebbe diventare "la tua bontà si sposa bene con un
lavoro di supporto alla persona".

Rifletti anche tu sulle tue modalità e sugli interessi: oltre
alle discipline artistiche e culturali, cosa ti appassiona?
Queste inclinazioni passionali possono indicarti una
specializzazione in ambito arte e cultura.

Ad esempio, nel mio caso, il lato consulenziale e
dirigenziale ha prevalso su quello manuale e, anche se so
dipingere molto bene, mi appasiona di più promuovere
l'arte e la cultura come patrimonio dell'umanità in un
ruolo dirigenziale.

Se dipingo, lo faccio come svago arte-terapeutico.

Ho fatto emergere la bambina che scarabocchiava l'agenda della direttrice di banca... infatti amo la sponsorizzazione economica, il mecenatismo, la responsabilità sociale d'impresa verso gli artisti e formo le figure che vanno a vendere l'arte e la cultura come strumento di crescita culturale e patrimoniale della società.

Dell'arte, mi sono fatta carico degli aspetti promozionali in senso finanziario ed economico. Ho capito che l'arte ha bisogno di persone pratiche e ho anche capito che io ce l'ho insito nella mia personalità.

E tu?
Qual è la tua visione, missione?
Punti di forza e aree di miglioramento

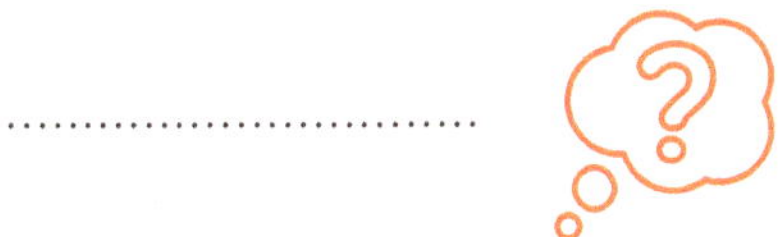

Completata questa autovalutazione che puoi fare
da solo oppure con un coach, un counsellor, un
orientatore di carriera, è importante trarne le
conclusioni operative.

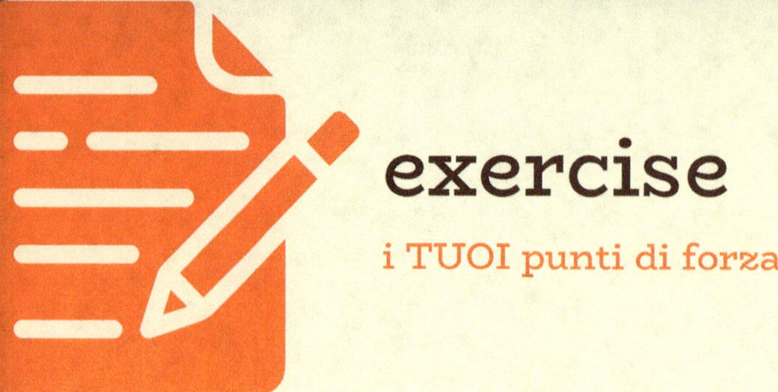


**Quali sono i tuoi punti di forza?**

........................................................................

........................................................................

........................................................................

........................................................................

........................................................................

........................................................................

**Quali competenze potresti mettere in campo seguendo i punti forza?**
Scrivi le idee che ti vengono in mente per allenare questi punti di forza.

........................................................................

........................................................................

........................................................................

........................................................................

Se non ti viene nulla, attendi qualche giorno e riprova.
Nel mentre puoi fare ricerca per avere stimoli.
Cerca corsi, stage, libri, stimolando la tua creatività.

Fai un bilancio di cosa, in te, è già forte e formato pronto a scendere in campo e cosa, invece, va potenziato per far esplodere la tua missione.

..............................................................................

..............................................................................

..............................................................................

..............................................................................

..............................................................................

..............................................................................

**Annota cosa ti rende davvero appassionato fino all'entusiasmo.**
Cosa ti rende stanco e ti porta al lamento?
Cosa invece, pur essendo stanco, protrai fino allo sfinimento e sei felice di questa stanchezza perchè ti soddisfa?
Lavorare su ciò che ami, ti renderà motivato e forte.

..............................................................................

..............................................................................

..............................................................................

..............................................................................

..............................................................................

# exercise



**Riconosci gli aspetti in cui desideri migliorare.**

........................................................................

........................................................................

........................................................................

........................................................................

........................................................................

........................................................................

........................................................................

........................................................................

Se questa parte di auto valutazione ti blocca, è il momento di alzare la mano e chiedere consiglio al tuo orientatore cosicchè possa farti da specchio obiettivo.

Siamo nati per evolverci.
Dal giorno 1 del parto le cellule muoiono e si rinnovano.
Come possiamo pensare di essere sempre uguali a noi stessi nel tempo?
**Trova il punto chiave da cui partire e poi resta aperto al cambiamento, all'esplorare nuove sfaccettature della tua carriera.**

..................................................................................

..................................................................................

..................................................................................

..................................................................................

..................................................................................

..................................................................................

..................................................................................

..................................................................................

..................................................................................

..................................................................................

..................................................................................

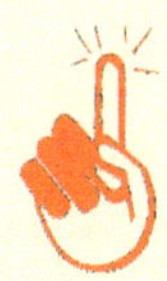

**Ripeti annualmente questo esercizio, in quanto la routine può abbassare l'attenzione verso il risveglio dell'intuito.**

Percorso ad ostacoli?
Alleniamoci!

Come superare gli
ostacoli più comuni
nel settore arte e
cultura?

Pochi mestieri sono
soggetti a critica e
giudizio come quelli
in ambito artistico e
culturale.

Impostare una
carriera può voler
dire affrontare alcuni
intoppi.

Ne elenco alcuni, i più
tipici.

- Il perfezionismo che un certo senso etetico e culturale impone nell'ambiente arte e cultura, può portarci ad interpretare male le critiche esterne che spesso trovano alleata dentro di noi l'autocritica. Imparando a gestire le critiche in modo positivo come opportunità di confronto, dialogo e crescita personale, possono diventare costruttive per la tua carriera. Iniziare e migliorare continuamente è sano. Bloccarsi perchè siamo pervasi dalla sindrome detta "dell'impostore" può danneggiare il nostro bambino interiore, quello che, invece, ha intuito che possiamo fare proprio questa professione! Coraggio! Piuttosto accogli la sfida in modo positivo e partecipa a workshop, parla con consulenti, informati e tieniti aggiornato. Fai del tuo meglio per essere preparato, senza pretendere di essere perfetto.

- Specialmente all'inizio potrebbe essere difficile capire come gestire il rapporto verso il denaro, il mantenimento. Potrebbe essere utile diversificare le entrate in un primo tempo e, successivamente, dedicarsi solo all'attività artistica, non appena diventa stabile. È importate entrare in uno stato sensoriale di abbondanza. Trovo spesso nelle mie consulenze persone che lamentano di non avere abbastanza, svalutando ciò che hanno! È proprio da ciò che già sei e hai, ringraziando di questa abbondanza, che puoi portare nella tua vita altri flussi inattesi di benessere economico. Talvolta ci sono soluzioni finanziarie che il tuo stato di dubbio, o ansia, non permettono di prendere in considerazione. Oppure sei molto giovane, o inesperto in soluzioni economico finanziarie. Può essere utile alzare la mano e confrontarsi con una figura professionale esperta in benessere finanziario che coniughi emozioni e stato d'animo a ricerca di obiettivi e soluzioni finanziarie. Esistono psicologi e anche coach esperti in questo supporto alla persona.

- Questo settore di mercato è altamente competitivo. La bella notizia è che se ti distingui e trovi il tuo procrastinazione e demotivazione

sbilanciamento fra creatività e mercato

vero sè, che è unico, non hai competitors. Anzi, puoi trovare maggiori sinergie e collaborazioni!
Questo tema lo troverai esposto più in dettaglio fra qualche pagina.

- Può succedere di sentirsi di fronte ad un blocco creativo improvviso. Imposta la tua agenda settimanale includendo svago e meditazione, letture e sport, viaggi e riposo. La creatività, anche se non è percepita come una fatica, in realtà è, per chi ne ha il dono, qualcosa che richiede tanta energia. Occorre darsi tempo per recuperare dopo un evento, una performance, una mostra, una pubblicazione e via dicendo.

- Talvolta, entrati nel mondo del lavoro in modo stabile, può succedere di veder ridurre la propria creatività al solo consumo commerciale. A tutti piace guadagnare della propria creatività! Talvolta se l'interesse commerciale del tuo agente, gallerista o venditore, ti fa sentire "in cattura", ricordati che se ti perdi, non saranno i denari a farti rimotivare. Alza la mano prima di accettare un incarico e trova una tutela legale che renda i tuoi contratti equilibrati nell'interesse sia della tua proprietà intellettuale che della tua energia vitale.

# Sostanza

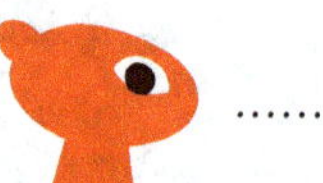

Ti trovi ora nella S di Sostanza, la seconda lettera di I.S.P.I.R.A. Questa fase del metodo è caratterizzata dalla tonalità variante fra un azzurro luminoso e un blu energizzante, frequenze luminose che aprono l'ascolto e la comunicazione equilibrata.

Infatti, contestualmente all'avere risvegliato l'intuito, occorre stimolare l'ascolto attivo per accoglierlo, onorarlo e ringraziare di averlo ricevuto!

**Come si fa?**

**Offrendo alla nostra intuizione dei solidi ancoraggi nel mondo reale, creandole sostanza iniziamente con la parola e, ancora meglio, con la parola scritta o con il segno, la bozza di un disegno.**

**Ora siamo non solo in accoglienza, ma proprio in ascolto attivo di tutti i messaggi concreti che l'intuizione ci vuole portare. Arriverà un'idea un po' più chiara in questa fase azzurra. Staremo anche attenti verso il mondo fisico, ascolteremo i messaggi anche fuori di noi, dalle persone, dagli eventi e dalle situazioni.**

**Per mettere sostanza alla tua intuizione segui questi passaggi:**

- Esplora l'intuizione professionale che ricevi, analizzala, parlane, sviluppala, raccogli dati, identifica i bisogni che risolve, affinala, comunicala, raccogli opinioni.

- Parti esplorando l'intuizione cercando di renderla qualcosa in più di una sensazione. Prova a vedere se rivela un'idea. Chiediti se hai un'idea che possa essere interessante anche per altri e se potesse avere delle applicazioni nel mondo reale. Fai una lista delle caratteristiche di questa idea.

  Ad esempio quando ho intuito il progetto CurArti, sapevo solo che avrei voluto ruotare professionalmente attorno alle arti terapie. Non sapevo come! Ho iniziato a scrivere cosa fosse

per me arte terapia, a elencare che benefici
porta e a percepire dove potessi collocarmi..
Arte terapeuta? Non risuonava...
Scrittrice olistica? Nemmeno...

In cosa sono veramente abile, preparata?
Rendere concreata un'idea dal lato manageriale,
progettuale ed economico - finanziario. Bingo!
Volevo creare una community di arte terapeuti
che potessero esprimere il loro talento in ambito
medicale, abitativo e via dicendo, essendo io per
loro la fonte di business networking. Così è nato il
nome CurArti, ovvero curare con le arti e anche
"cerca di curarti!". L'intuizione era diventatata
idea! Bozza

- Passa poi all'analisi, ovvero studia la materia vicina alla
tua idea, fai ricerca di mercato per vedere cosa esiste
e funziona bene. Scoprirai se la tua idea è originale,
innovativa, pratica, utile. Tornando al caso CurArti,
esiste già tantissimo sulle arti terapie in termini di
letteratura, progetti, eventi, professioni. Tuttavia è
poco gestita la parte manageriale, la business strategy.
Così mi sono impegnata nel divulgare informazione,
ispirazione, orientamento, formazione sulla gestione
della strategia professionale, carrier guidance.

- Ora che l'idea è abbozzata, parlane insieme ad altre
persone, in ed extra mercato della cultura. Il confronto
con mentori, consulenti, amici, conoscenti, può essere
molto prezioso per individuare i punti deboli, le lacune,
oppure ulteriori prospettive e scenari da prendere in
analisi.

Infine ricorda che mettere sostanza ad una intuizione
richiede tempo e pazienza, nonchè impegno e costanza.
Sbagliare e fare errori sarà normale e ti porterà verso
il miglioramento continuo. Se hai perseveranza e
motivazione di arrivare fino in fondo, la tua intuizione
sarà concreta.

**Indagine esplorativa: quali opportunità offre il settore professionale di taglio artistico espressivo?**

arte visiva

musica, arti performative e spettacolo

Panoramica: quali sono le diverse figure professionali che il settore arte, cultura e spettacolo offre?

Prima di rendere definitivo un progetto di carriera, occorre informarsi sulle discipline professionali specifiche di settore, in quanto ci sono molteplici specializzazioni di cui qui parleremo in senso generale e che in seguito richiederà da parte tua una ricerca approfondita.

Pittura e disegno, fotografia, scultura, design sono discipline manuali tradizionalmente inserite nella scatola "arti visive", che oggi vivono di ibridazioni continue. Possono esistere pitto sculture, foto dipinte a mano, piuttosto che street art o versioni digitali di opere fisiche. Il mixed media può infrangere le regole stabili del passato e questo può libearare la tua creatività in direzioni di nuove proposte originali con maggiore libertà espressiva.

Se dividiamo il settore in creativo-produttivo, comunicazione-compravendita, fruizione-collezionismo-speculazioni, oltre ad essere ramificazioni in stretta correlazione fra loro, aprono le porte a molteplici figure professionali di competenza trasversale.

Se da un lato si potrebbe dare per scontato che esistono figure professionali come artisti, scrittori, musicisti, ballerini, non è per nulla facile immedesimersi in: fornitori di prodotti per belle arti, agenti venditori, organizzatori di eventi, proprietari di location, curatori, critici, consulenti, galleristi, restauratori, broker assicurativi, legali di marchi e brevetti, ramo contrattualistica, fiscalisti, notai, agenzie di comunicazione, storici, case editrici e via dicendo. Tuttavia, fanno parte del sistema delle professioni dell'arte anche queste!

Musicista e compositore, cantante, interprete, cantautore, attore, regista, videoartist, ballerino, sono tutte professioni che esprimono emozioni e raccontano storie tramite il corpo, la voce, l'interpretazione di brani. Vivono di scena e adrenalina, di schermi e

**cultura e patrimoni**

**scrittura e comunicazione**

pubblico, arti in cui l'happening è importantissimo, e ciò che da la linfa vitale è tutto a livello esperienziale. Queste professioni si incrociano con il team degli agenti, produttori, giornalisti, case editrici, service per lo spettacolo, scenografi, location, teatri, cinema, insegnanti di teatro, discipline olistiche legate al teatro, costume per lo spettacolo, moda, legali, fiscalisti e via dicendo...

Il bene culturale porta con se anche un valore storico, antropologico ed economico patrimoniale.
Può occuparsene il restauratore, il museo, gli enti pubblici, le fondazioni, il terzo settore associativo, il curatore, lo storico dell'arte, il consulente d'arte, il legale, il comparto turistico, il settore finanziario e patrimoniale, il notaio, il tecnico di diagnostica, il tecnico di igiene ambientale per il monitoraggio dell'aria, il dottorato di ricerca, l'archeologo, l'antiquario, la casa editrice, la scuola, la casa d'aste e così via per molteplici specializzazioni.

Il comparto espressivo della narrazione, il romanziere, il poeta, lo sceneggiatore, il giornalista, il critico, l'editore, il blogger digitale, il fumettista, lo story teller nel marketing culturale, la tutela della proprietà intellettuale, il distributore, la libreria ecc.

Sarebbe generalista pensare di avere raccolto tutte le professioni, tuttavia questa carrellata aiuta a comprendere quante sfaccetature dello stesso settore possano offrire professioni verticali e trasversali a vario titolo.

Ti sei mai chiesto se desideri essere protagosita dal lato del pubblico, o del produttore, oppure dell'artista?

Magari ami l'arte e va solo capito in cosa sei veramente bravo, che ti riesce bene e con talento. Sentirsi parte della famiglia arte, significa essere al posto giusto, a fare quello per cui sei nato: l'artista? Il divulgatore? Il finanziatore? Il fruitore? L'analista di mercato? Altro?

Nuove tecnologie e IA: il settore artistico e culturale è soggetto ad evoluzioni continue dovute in parte alla creatività tipica del settore, in parte, come altri settori, dimostra un'altissima ricettività allo stimolo tecnologico. Così realtà virtuale, intelligenza artificiale, digitalizzazione archivistica, software interattivi, tecnologia blockchain, NFT e phygital, diventano opportunità di nuova espressività da un lato e nuove soluzioni a problematiche in ambito di consulenza e tutela dall'altro.
Questo apre ad ulteriori figure professionali!

Sostenibilità e arte ambientale: temi di responsabilità sociale in linea con l'agenda ONU 2030 aprono la possibilità a nuovi contenuti di trovare consenso fra artisti, imprese culturali, mecenati, tanto quanto spalancare le porte alla responsabilità d'impresa, alla comunicazione aziendale con oggetti d'arte e performance atte a sensibilizzare l'opinione pubblica sui temi delicati che ruotano attorno alla sostenibilità. Si accodano anche competenze fiscali, finanziarie e così via.

Diversità e inclusione: tematiche che stanno permeando il mercato d'arte, in quanto portatrici di messaggi da divulgare e quindi interpretare nei modi più svariati grazie alla creatività artistica.

Trasversalità e multidisciplinarità: la grande tendenza innovativa che inizia a fare capolino in un settore così competitivo, è quella di fare rete d'impresa andando contro la tradizionale tendenza a coltivare la proria rete di possibilità e contatti con molta gelosia. Il networking sta iniziando a diventare un nuovo settore di svilupo delle pubbliche relazioni per innovativi referral manager.

Arte finanza e fisco: negli ultimi decenni, l'arte e la cultura sono diventate fonte di investimento, bene di rifugio, finanza alternativa, accantonamento per il futuro a lungo termine di beni trasmissibili in asse ereditario. Sono molte le competenze che un art advisor, o consulente in arte, può mettere in campo se collabora con istituti di credito, consulenti finanziari e patrimoniali ma anche con commercialisti e notai per tutti gli spetti legati ai notevoli vantaggi fiscali che l'arte rivela.

Arte e discipline olistiche: professioni nuove come artist coach, art counsellor, art therapist, stanno prendendo piede accanto a psicologia, medicina, terapie alternative olistiche. Le arti hanno un grande potere comunicativo il cui vantaggio è descritto dalle neuroscienze. È salubre, favorendo armonia negli ambienti e offrendo possibilità di percorsi a supporto della persona molto affascinanti.

Architettura e neuroscienze: dal feng shui alle teorie della percezione visiva di forme e colori, sono molteplici le discipline che rendono efficace l'arte nell'interior design. Arte come arredo, accoglienza privata e pubblica, è la strada per iniziare a collaborare a stretto contatto con architetti creativi, esperti di benessere in-door e out-door.

Turismo e ricettività: in ultimo, il fenomeno crescente dell'identità alberghiera "art hotel", oppure i viaggi a tema culturale, dimostrano come la cura dell'esperienza nell'ospitalità sta permettendo all'imprenditore alberghiero, al tour operator, di investire in arte e cultura potendo aumentare il valore del costo a stanza, data la peculiarità delgi ambienti, delle esperienze performative e culturali. Oltre al valore economico, il valore percepito dal cliente, sarà fonte di feedback, passaparola, oltre che opportunità di marketing e comunicazione, vantaggi fiscali e così via.

Grazie a questa visione, scoperto che l'arte è la tua grande vera passione, le altre tue abilità possono emergere in molteplici sfaccettature che ti renderanno unico e irripetibile. Come vedi, incrociando vari talenti, nascono continuamente nuove professioni.

# Istruzione e formazione

Per proseguire a mettere sostanza all'intuizione, oltre all'informarsi adeguatamente sul settore e le sue discipline, è bene formarsi tramite lo studio. Studiare è uno dei momenti cruciali dello sviluppo di una competenza. È la fase in cui la parola, la lettura, l'immagine, creano nella nostra mente la possibilità di sviluppare una competenza. Questa poi andrà formata in modo pratico con esperienze sul campo, come stage e tirocini. Potrà essere perfezionata, modellata, resa concreta anche con l'aiuto di mentori esperti.

## Università degli Studi e percorsi accademici

Ecco alcuni percorsi di studio, senza pretendere di elencarli tutti ed in modo esaustivo, bensì offrire spunti di riflessione e curiosità per spingersi verso l'orientamento scolastico più approfondito prendendo contatto con l'orientatore di fiducia:

Accademia di Belle Arti, si studia per imparare le arti, per essere artisti in scultura, pittura, decorazione, scenografia, moda, incisione, grafica, design e via dicendo.

DAMS: laurea in discipline delle Arti, della Musica e dello Spettacolo atta a formare il produttore creativo ed esecutivo, lo sceneggiatore, regista, direttore della fotografia o montatore nell'industria culturale, il responsabile e/o organizzatore di compagnia o di gruppo teatrale, drammaturgo, autore di testi e consulente per lo spettacolo dal vivo e molteplici sfaccettature dal critico al distributore, alle varie figure più strettamente di mercato promozionale.

Conservazione dei beni culturali: operatori di soprintendenze, musei, biblioteche, archivi, parchi archeologici, ma anche presso aziende operanti nel settore della tutela e della fruizione dei beni archeologici e storico-artistici e del restauro, perizie, diagnostica e via dicendo

Laurea in storia dell'arte: il laureato in storia dell'arte può dedicarsi alla curatela di mostre, esposizioni, eventi e manifestazioni culturali, di allestimenti e percorsi museali ed espositivi, permanenti e temporanei, progettazione e realizzazione delle relative produzioni editoriali e gestione delle attività didattiche connesse, ricostruzioni storiche e attribuzioni.

Conservatorio: il tempio della formazione musicale, in cui puoi trovare percorsi di studio per musicisti e compositori, con varie specializzazioni anche dirette alle orchestre e al canto.

Laurea in archeologia: operatori in istituzioni ed enti pubblici preposti allo scavo, alla conservazione e alla valorizzazione del patrimonio archeologico, come Soprintendenze e Musei. Istituzioni ed enti pubblici, privati e del terzo settore, che si occupano di studio, ricerca e diffusione culturale in relazione al patrimonio archeologico, come Enti locali, Fondazioni, Società/imprese/cooperative specializzate in consulenza e servizi che collaborano con gli enti e le istituzioni sopra elencate.

Accademie di teatro e danza: rivolte a coreografi, ballerini, sceneggiatori, attori, interpreti in varie discipline dello spettacolo, le arti circensi.

Laurea in moda e design: rivolta alle arti applicate, forma stilisti e designer in molteplici campi di applicazione professionale legati al design artigianale o industriale, alla sartoria e al lusso e accessori.

Fare ricerca e approfondire ulteriormente, consente di scoprire facoltà e accademie, pubbliche e private, con sfaccettature e peculiarità da allineare il più possibile ai tuoi talenti singolari

**Formazione business e strategie di inserimento**

Differente è l'approccio post laurea, legato alla formazione professionale.

Master e workshop, online o in presenza, offrono specializzazioni utili ad affinare competenze pratiche da affiancare a stage e tirocini. Il praticantato è la fase in cui la competenza vive lo stadio di consolidamento nella realtà.

Può succedere di fraintendere il titolo rilasciato dal master con la competenza pratica.
Se, per esempio, desideri inserirti nel settore pubblico tramite bandi, allora è necessario aderire a percorsi di studio riconosciuti al fine di avere un punteggio il più alto possibile e un titolo spendibile.

Se, invece, punti all'auto impiego o a posizioni dipendenti nell'imprenditoria privata, allora vale la pena seguire corsi interni alle aziende/studi professionali, al fine di imparare il più possibile da un mentore inserito nel mondo del lavoro senza pensare di dover accumulare titoli e punteggi per concorsi.
Talvolta, è possibile trovare master e corsi riconosciuti, con anche inserimento professionale. Raro, ma non impossibile. L'invito che ti faccio è quello di informarti bene prima di fare la scelta.

Dopo anni di esami in attesa della laurea, si desidera entrare velocemente nel mondo del lavoro.

Tuttavia, avere ancora un po' di pazienza, per darti il tempo di praticare gli studi, rende più stabile l'inserimento professionale. Potrebbe essere necessario abbinare un'entrata economica di natura differente, al fine di mantenerti nel mentre che sviluppi la specializzazione e la pratica. Prova anche a valutare concorsi e bandi, borse di studio e finanziamenti allo studio.

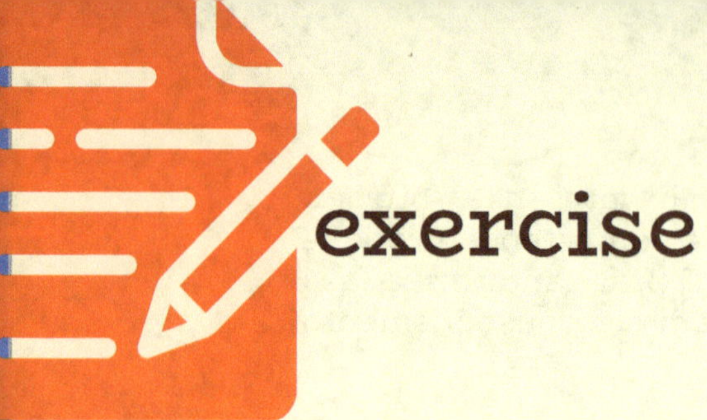

# exercise

Annota qui i punti del capitolo che ti hannno colpito, crea una bozza veloce di cosa vorresti mettere in campo per formarti professionalmente. Puoi annotare qui anche le tue ricerche parallele esterne a questo libro, al fine di creare un incorntro fra questi stimoli e le tue azioni esterne

..................................................................

..................................................................

..................................................................

..................................................................

..................................................................

..................................................................

..................................................................

..................................................................

..................................................................

..................................................................

..................................................................

# Progetto del cuore

Questa fase del libro introduce il concetto di progetto. Dal capitolo 1 al 2, sei passato a mettere sostanza al tuo intuito, ovvero abbozzare la tua idea carriera, e adesso pensiamo al progetto.
I colori d'ispirazione per questo capitolo sono il rosa ed il verde.

Il rosa ha varie tonalità e interpretazioni che variano da cultura a cultura e si trasformano a seconda del periodo storico e sociale. Ti dirò cosa rappresenta il rosa in questa fase progettuale.

Per quello che vorrei trasmetterti in questo libro, è il simbolo di ciò che ritieni fortemente positivo e che infonde in te e negli altri sicurezza e ottimismo. Il rosa è particolarmente emozionale e può influenzare positivamente lo stato d'animo, aprendo le vibrazioni della gentilezza, protezione, tranquillità.

Nel logo I.S.P.I.R.A.® intravedi il rosa come una lieve sfumatura dietro alla P verde. Sta lì a ricordare di ispirarti a gentilezza e amore in ciò che fai, e ad ispirare l'altro da te verso questa amorevolezza.

L'altro colore importante nella fase progettuale I.S.P.I.R.A.® è il verde che inserisco chiedendoti di risuonare con queste sensazioni: perseveranza, la fiducia in te stesso, equilibrio e armonia.

Passiamo ora a definire il progetto. Abbiamo attraversato l'intuizione dal nascere, da quando ancora era solo una sensazione vaga e siamo poi passati a darle sostanza, così da creare una bozza.

Ora vediamo come entrare nel concreto nel progetto vero e proprio.

La concretezza progettuale mira a raggiungere obiettivi e risultati. Portiamo a terra l'idea nel momento in cui ci prefiggiamo lo scopo, la missione ed anche l'obiettivo temporizzato, ben descritto con un risultato che ci faccia da specchio reale. Questo macro obiettivo di carriera, lo divideremo in sotto obiettivi specifici, sostenibili e realizzabili, attraverso l'organizzazione delle risorse disponibili, alla ricerca di nuove risorse necessarie, prescrivendo una linea temporale.

Il tuo mentore d'orientamento, se ha competenze in coaching, può darti una mano in questa fase.

Curare il proprio progetto di carriera richiede questi passaggi nella prima fase:

- definire in modo chiaro l'obiettivo, ad esempio entro x tempo sarò un consulente in arte esperto in tutela del bene culturale. In particolare mi occuperò di diagnostica per i periti, per gli storici, per i collezionisti. Opererò nel mercato secondario, in cui la mia figura è richiesta a supporto delle due diligence e delle attribuzioni, nonchè in fase di diagnosi per il restauro e affini.

1. Lavorerò presso imprese come figura a contratto, quindi gli strumenti di lavoro saranno forniti dall'impresa.
2. Oppure: lavorerò in forma indipendente, come freelance a progetto. Avrò mandati scritti per conto di privati o imprese oppure tribunali e possiederò la mia attrezzatura.
3. Oppure: creerò la mia impresa con vari reparti specializzati, con dipendenti interni e collaboratori esterni. Diventerò il riferimento per musei, case d'aste, studi legali, tribunali e via dicendo

- Quando saprai di esserlo? Indica un risultato, ad esempio: saprò di essere un freelance avviato e potrò sentirmi un professionista del settore quando fatturerò costantemente xxx euro mese/anno e i miei clienti saranno del target descritto nell'obiettivo. Puoi anche indicare risultati diversi da quello puramente economico. Per esempio se punti a diventare leader in Italia, magari dovrai essere diventato davvero un riferimento riconosciuto nel settore in modo inequivocabile potendo dimostrare svariati casi studio positivi sia nel risultato tecnico diagnostico, che nel risultato economico e relazionale con la comunità di settore.

Altro esempio, nel caso del dipendente, prova a indicare cosa ti farà sentire il tecnico diagnostico per un'impresa culturale: ad esempio saprò di avere raggiunto il mio obiettivo quando avrò un contratto. Descrivi il tipo di contratto desiderato, il compenso, il ritmo dei pagamenti, la sostenibilità che rispecchi i tuoi bisogni e valori intangibili. Ad esempio mi sentirò un esperto in perizie diagnostiche quando un'azienda mi assumerà per xxxx euro al mese, con un contratto di tipo xxxx in un ambiene in cui le passioni e i sentimenti valgono tanto quanto gli aspetti economici, in cui la cura della persona è almeno pari se non superiore alla cura per gli aspetti tecnici. Saprò di avere raggiunto il mio obiettivo di carriera quando lavorerò a tot km da casa, oppure da remoto o a distanza e potrò anche avere una famiglia.

Questo modo di intendere l'obiettivo ben temporizzato, minuziosamente descritto, includente valori e bisogni della persona, ti consentirà i sviluppare la I di Identità gialla, la R di Relazioni arancione e la A di azioni rossa e nera.

Creare un progetto di carriera concreto richiede tempo, pianificazione e collaborazione con mentori che possano aiutarti a fare chiarezza e trovare il tuo vero scopo, missione e obiettivo principale.

Se ad esempio il tuo obiettivo personale di carriera fosse diventare un artista di arte visiva/pittura/informale/ complemento di design/salute e benessere olistico negli ambienti/rappresentato da architetti e designer/entro l'anno xxxx e magari (per fare un esempio) ti sentirai di averlo raggiunto quando il valore di coefficiente a dipinto è almeno 2 e lo avrai verificato nel fatturato di almenno 100 pezzi, allora occorre iniziare a comprendere quali mini obiettivi al giorno 1 dell'inizio metterai in azione.

Per esempio: sai già cosa serve per raggiungere quel traguardo? (scrivi un elenco completo, fai ricerca di mercato per scoprirlo)

...........................................................................

...........................................................................

...........................................................................

...........................................................................

...........................................................................

...........................................................................

...........................................................................

...........................................................................

E poi, cosa hai già come risorse da mettere in campo?

...........................................................................

...........................................................................

...........................................................................

...........................................................................

...........................................................................

...........................................................................

...........................................................................

...........................................................................

Seguendo l'esempio più sopra, parlando della professione di artista, una delle cose che certamente ti servirà è la figura professionale di un critico d'arte, o storico dell'arte, che ti aiuti a definire un'identità: ce l'hai?

Una delle cose che certamente ti servirà seguendo l'esempio è un critico d'arte che ti definisca informale/design interni salute/benessere. Ce l'hai?
Se non ce l'hai, la ricerca di un critico diventa uno dei sotto obiettivi a cui dare attenzione. A quel punto: qual'è l'identikit professionale del tuo critico? Emergente/consolidato/famoso? Trasversale multidisciplinare/specializzato in informale/esperto in informale con lettura energetica per il campo olistico verso il feng shui?

Ora non sei in una sessione individuale di orientamento, tuttavia queste domande possono accendere delle lampadine.

Continuando questo lavoro di interiorizzazione e poi di comunicazione chiara verso l'esterno, attrarrai a te opportunità in linea con i tuoi desideri più profondi.

Ti incoraggio a preservare le energie, la loro sacralità, prendere coscienza che sono parte di te e che vanno onorate e canalizzarle verso obiettivi chiari in linea con il tuo intuito più profondo.

# Identità

Ogni tonalità di giallo porta varie sensazioni e messaggi. Ogni nostro vissuto prima di oggi con il giallo ci aiuta ad interpretare questo colore a modo nostro.

Ti trasmetto cosa è giallo nella I di Identità del metodo I.S.P.I.R.A.®.

Si tratta di un giallo di plesso solare, è infatti il colore associato al senso di identità, all'Io, all'estroversione. È il fuoco energizzante e potrà aiutarci a manifestarci pienamente nel progetto che stiamo creando.

In questa fase, dopo avere intuito una sensazione, visualizzato una bozza di idea, stabilito un obiettivo progettuale di carriera e i vari sotto obiettivi, è tempo di comunicare verso l'esterno per attrarre a noi tutte le opportunità che meritiamo, ovvero quelle che riflettono il nostro concetto di abbondanza.

Scoprire l'abbondanza può essere entusiasmante e potenziante.

Fai questo esercizio con costanza e passione: per un periodo prolungato, tienilo anche 1 mese se ti va, annota in un quaderno solo le cose belle e abbondanti che capitano nella giornata, di giorno in giorno, senza posa allenati a vederle.
Siamo già programmati e orientati a visualizzare e vivere la scarsità, il non, i no... gli insuccessi, gli sgarri ricevuti, le delusioni, le malattie...

Invece è difficile ricordarsi di ogni miracolo della vita: oggi ho incontrato una persona in autobus che aveva un buon profumo, oggi avevo in tasca pochi soldi eppure un incontro imprevisto mi ha portato a pranzare in un ristorante e ho mangiato bene, in compagnia e senza spendere denaro. Oggi ho incontrato una signora ipovedente e mi sono accorta che stava incorrendo in un pericolo, è stato bellissimo aiutarla. Oggi la mia micina ha partorito ed è stata un'esperienza incredibile. Oggi dopo tanto tempo ho mangiato il cocomero, com'era rosso e dolce! Avevo dimenticato quanto il cocomero facesse famiglia e mi portasse il senso dell'estate! Oggi mia sorella mi ha raccontato un fatto, si è confidata con me ed io mi sono sentita bene a darle questo sollievo.

L'abbondanza crescerà tanto quanto ci concediamo la consapevolezza di essere già noi stessi abbondanza e miracolo, e che questa è già presente nella nostra meravigliosa esistenza.

Riportiamo questo senso costante di possibilità anche nel lavoro ed avremo grande soddisfazione.

Adesso possiamo pensare a come manifestare verso l'esterno la nostra identità professionale.
In ambito artistico il marketing e gli aspetti di mercato piacciono poco a chi è alle prime armi, fino a che troviamo chiarezza espressiva ed attinenza esatta fra il vero sè e il risultato esteriorizzato.

Allora, anche se è tempo di parlare di personal branding e di brand identity, concentriamoci ancora una volta sull'intuito: come vorremmo essere percepiti?

Questa parte non possiamo delegarla. Nessun esperto di comunicazione può crearti un'identità comunicata senza passare da un'attenta analisi di tutto il lavoro che hai fatto sopra dalla I alla P. Porta con te questo prezioso lavoro e fai capire al tuo comunicatore che vuoi attrarre a te un pubblico ben definito e non "chiunque sia interessato all'arte e alla cultura". Il tuo pubblico dovrebbe conoscere la tua visione, la tua missione, i tuoi bisogni e valori, cosa puoi fare per loro e come. Puoi portare con te con uno schema, o scriverne uno con il tuo comunicatore, come quello di Simon Sinek.

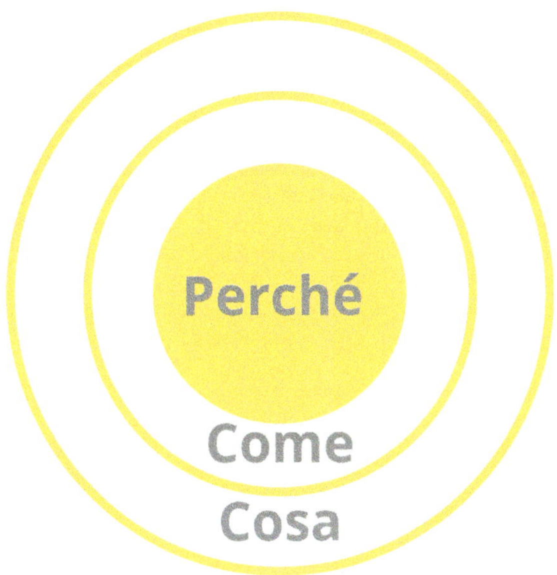



**Metti al centro della comunicazione il perchè e la visione, poi racconta il come farai ciò che stai promuovendo e solo alla fine il cosa stai manifestando, cosa fai e cerchi.**

Esempio: "Siccome sono appasionata e attratta dall'armonia del corpo umano in movimento e ne vedo le linee... immagino musiche e movimenti insieme, sento quali emozioni suscitano... credo che questa armonia porti equilibrio nell'osservatore. Allora disegno coreografie per ballerini espressivi che sanno improvvisare in quanto hanno maturato una confidenza molto alta fra il loro corpo in movimento e la comunicazione artistica tramite il movimento improvvisato.

Cerco scuole di danza moderna site in Lombardia per diventare docente di ballerini esperti in "danza per l'equilibrio dell'anima".

Dentro questa frase c'è il perchè, il come, il beneficio che arreco e cosa cerco e dove.

Va arricchito molto di dettagli ma già così com'è può aiutare il tuo esperto di personal branding ad elaborare una comunicazione affine a te e che attragga il pubblico che vuoi.

Analizzerete bene insieme le parole chiave, il colore idoneo, le fotografie o i video e tutto il coordinato comunicativo compreso il CV da inviare che potrà essere un foglio in formato europeo se richiesto dal recruiter, oppure un portfolio di presentazione se sei un'azienda o un professionista.

Le tue pagine social, anzichè istintive e "a braccio", potrebbero rispecchiare questi colori, parole chiave e valori.

Spesso come recruiter per imprese culturali, uso linkedin per fare selezione. Mi accorgo che i CV che arrivano non rispecchiano quanto offro e nemmeno il profilo linkedin somiglia a quanto offro e quanto la risorsa umana dice di voler fare nella vita.

Questa incongruenza mi fa pensare che la risorsa debba migliorare l'approccio con il recruiter se nel profilo questo trova contenuti di approfondimento, scuole di formazione, hobby e interessi disallineati.

Se iniziamo ad usare ad esempio linkedin per cercare lavoro, allora il profilo dovrà allinearsi alla precisa ricerca messa in atto. Avere un profilo generico, porta incongruenza e diffidenza.

Se ad esempio dichiaro su un social media destinato al mondo del lavoro che sono o sarò una curatrice d'arte, ma posto continuamente contenuti di informatica, interessi di accessori moda oppure che 3 anni fa ho fatto la commessa in ambito sportivo anzichè parlare dell'ultima mostra che ho visto e di cosa ne penso, intervistare un artista, scrivere su un blog di estetica... sto puntando ad un approccio troppo generico che porterà il recruiter al CV successivo.

Se, invece, trovo utile dire che ho una competenza trasversale maturata grazie a quelle esperienze pregresse, ad esempio ero capo area del Piamonte con 30 figure sottoposte, allora posso inserire la competenza manageriale in modo aperto nel CV. Conta meno dire che la competenza è di ambito abbigliamento sportivo, informatica oppure accessori moda.

Quello che scriviamo nel CV deve essere breve ed essenziale in quanto è uno strumento di marketing veloce e deve subito arrivare al recruiter in modo conforme alla sua richiesta.
Avere un CV generalista è inefficace.

Vale la pena mandarne pochi e ben allineati all'offerta.

Come recruiter rischio perfino di perdere la pazienza a fine serata davanti al CV n.50 della giornata se questo è disallineato alla mia richiesta. Il recruiter ama ottimizzare il suo tempo, aiutiamolo.

Apprezzo molto chi mi scrive "ho letto dell'offerta e potrebbe interessarmi ma prima di mandare il CV vorrei essere sicuro di aver capito bene perchè non amo perdere tempo e non voglio farne perdere a lei".

Solo per questo già risponde ad un paio delle competenze trasversali più richieste dal mercato del lavoro: ascolto attivo e chiarezza nell'identificazione di un obiettivo, responsabilità.

Poi un CV può avere tanti fronzoli in più, ricorda tuttavia che l'essenziale è la congruenza fra ciò che viene richiesto e ciò che offre la tua persona e le tue competenze. Allinea gli studi pregressi, le esperienze pregresse, gli interessi hobbistici e i valori prendendo bene la mira. Perfino la fotografia è importante.
Ricordo di aver selezionato una docente per un master e che la sua foto in CV la vedeva svagata in ferie, con abiti leggeri.
Avrei apprezzato una foto che manifestasse autorevolezza e professonalità.
Per il sito istituzionale, infatti, le ho chiesto di mandare una foto professionale.

Questo capitolo spinge verso la scelta identitaria consapevole. Non tutto ciò che ci riguarda è indispensabile in una comunicazione professionale. La cosa ideale è confrontarsi con un esperto di fiducia in campo di marketig e comunicazione identitaria. Ciò che mostriamo attrae o respinge. Ottimizziamo cosa vogliamo attrarre e affidiamoci a chi possa fornirci gli strumenti appropriati.

Ti lascio una guida per punti, semplice e sintetica:

1.  Informazioni personali: nome completo, indirizzo email, cellulare, sito internet se lo hai, social media se rispecchiano la professione ambita, fotografia professionale scattata da un fotografo a cui hai dato indicazioni sull'effetto che vuoi ottenere con quella fotografia (autorevolezza? Creatività? Originalità? Neutra? Altro? Immagina che effetto vuoi fare a chi legge e comunicalo al fotografo, meglio se esperto in fotografia identitaria). Ricorda di scrivere la nota di autorizzazione all'utilizzo dei dati ai fini della ricerca del lavoro, conforme alla norma vigente al momento della divulgazione del tuo CV. Apponi la data e la firma.

2.  Profilo professionale: un breve paragrafo introduttivo che evidenzia le tue qualità principali, obiettivi di carriera e aspirazioni. Questo è il tuo primo strumento di marketing personale, quindi rendilo interessante e pertinente per il ruolo che stai cercando.

3.  Esperienza lavorativa: elenca le tue esperienze di lavoro in ordine cronologico dal più recente al più vecchio. Specifica che si tratta degli ultimi 3 anni e che sono solo le professioni più vicine all'offerta di lavoro attuale. Poi scrivi nella lettera di presentazione che sei disponibile a stilare un elenco più dettagliato e anche antecedente i 3 anni, a richiesta. Includi il nome del datore di lavoro/ azienda, la posizione ricoperta e le principali responsabilità e traguardi ottenuti in ogni ruolo. Se sei giovane e appena laureato, puoi segnalare gli stage e le esperienze pratiche che hai fatto. Sii sincero e vai sereno, per un recruiter può essere

molto interessante avere un giovane inesperto per formarlo e creare una relazione solida di mentoring per la crescita in azienda.

4. Istruzione e formazione: indica il tuo percorso di studi, accademico e non, gli studi completati e gli eventuali certificati rilevanti per la posizione a cui aspiri.

5. Competenze: elabora uno scritto breve sulle competenze specifiche del settore o dell'ambito lavorativo in cui ti stai candidando. Ad esempio se sai usare un softwere creativo, oppure se sei esperto in pittura ad olio, oppure se hai esperienza in comunicazione di eventi artistici. La competenza è qualcosa che sai e che hai messo alla prova ottenendo risultati misurabili. La competenza si sviluppa sul campo, non è da confondere con la conoscenza, con lo studio anche se molto approfondito. È la formazione applicata con successo pratico.

6. Progetti e realizzazioni: se possibile, evidenzia alcuni progetti specifici o risultati significativi ottenuti nel corso delle tue esperienze lavorative o formative. Questo dimostra il tuo valore e la tua capacità di portare un contributo positivo. Se come competenza evidenzi la comunicazione per eventi d'arte, segnala un evento di successo in cui hai gestito tu la comunicazione o parte di essa.

7. Attività extraprofessionali: se hai partecipato a progetti, attività di volontariato o altre esperienze che dimostrano le tue competenze e interessi trasversali, includile nel CV. Queste informazioni possono far emergere il tuo carattere e la tua dedizione.

8. Lingue straniere: se parli fluentemente altre lingue, specificalo nel CV, poiché le competenze linguistiche sono sempre apprezzate.

9. Referenze: non è necessario includere i riferimenti nel CV, ma puoi menzionare che sono disponibili su

richiesta. Preparati comunque a fornirli qualora un datore di lavoro te li chieda esplicitamente.

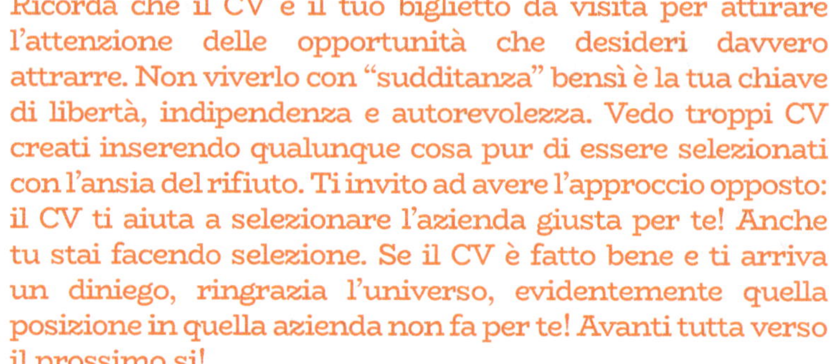



Adattalo e personalizzalo per ogni posizione a cui ti candidi, mettendo in evidenza le competenze e le esperienze rilevanti per quel particolare ruolo.

Mantieni il CV aggiornato, chiaro, pulito e ben organizzato. Una presentazione professionale può fare la differenza nel farti emergere tra gli altri candidati.

La stessa cosa vale per una brand identity aziendale. Il logo e la comunicazione integrata dovrà essere coerente e conguente a tutto il lavoro fatto dalla I alla P di questo libro. Suggerisco di consultarsi con esperti di neuromarketing, perchè possono lavorare anche con il lato percettivo più intangibile della persona. Ricordati che l'ambito in cui ti esprimerai è l'arte e la cultura, il tratto distintivo è bellezza estetica, progettualità e cultura in tutto ciò che fai.
Per esempio posso dire o scrivere che faccio le cose con amore, oppure usare colore verde e rosa con tratti lineari e forme todeggianti. Oppure posso fare le cose con autorevolezza e quindi usare i toni del blu e forme più sintetiche.
Ci sono esperti che sanno attrarre a te esattamente quello che stai manifestando se sei consapevole.

Ricorda: resta flessibile nel tempo, concediti di evolvere e portare in evoluziaone anche la tua comunicazione con adeguati aggiornamenti nel tempo.

# Relazioni

Ora che hai manifestato e attratto a te le prime relazioni professionali... come ti comporti?

Un caposaldo del metodo I.S.P.I.R.A. ® è il marketing relazionale che propone la creazione di community di valore in cui poter condividere fra pari: ideali, bisogni, interessi, passioni, obiettivi, sinergie, talenti, prodotti, servizi, reti d'impresa.

L'arancione, appartenente alla gamma dei toni caldi, si distingue per la sua capacità di nutrire, accogliere con calore, energizzare e stimolare. Queste qualità sono fondamentali nelle relazioni commerciali, dove tendiamo a trascurare spesso l'aspetto personale e il concetto di amore. Per I.S.P.I.R.A.®, il lavoro è considerato come il luogo vibrante in cui l'amore creativo brucia intensamente. Portare nella tua attività lavorativa il senso di calore e fecondità tipico del ventre materno significa infondere un'energia vitale e produttiva.

Le relazioni sono importanti nell'inserimento professionale, nello sviluppo e consolidamento.

Esistono le professioni perchè ci sono necessità a cui dar soluzione, e quindi relazioni umane sottostanti.

Me ne occupo attivamente dal 2012, da quando sono entrata a far parte di un business network strutturato a vantaggio della mia inesperienza e timidezza relazionale. Oggi in questa rete rivesto una posizione da mentore e ho incarichi manageriali. Continuo, dopo tanti anni, a considerare il networking professionale e relazionale la mia metodologia di base per creare una community a target.

Ecco alcuni motivi per vedere se fa anche per te la R di Relazioni in I.S.P.I.R.A.®.

1. Opportunità di lavoro: le relazioni professionali verticali e trasversali possono aprirti la strada verso opportunità di lavoro che altrimenti non avresti mai potuto prendere in considerazione. Molte posizioni

professionali vengono occupate via passaparola, tramite referenze di fiducia, grazie a persone che hanno valori affini con una certa confidenza.

2. Multidisciplinarità: una vasta rete di professionisti che fanno lavori diversi dal tuo, ti offre prospettive e visioni diverse. Condividere pranzi, colazioni, cene, momenti di formazione business con altre persone, può offrirti competenze diverse che ti vengono utili al bisogno. Se ad esempio devi finanziare la carriera di un tuo artista e scopri grazie ad un esperto di bandi che ne è uscito uno che fa al caso tuo, ecco che trai vantaggio dal frequentare una rete professionale multidisciplinare. Se resti solo nel tuo campo, perdi opportunità continuamente.

3. Supporto emotivo: il mondo del lavoro può essere impegnativo e stressante. Le relazioni con colleghi e amici del settore possono fornirti un sostegno emotivo e aiutarti a superare momenti difficili.

4. Guadagnare reputazione: un punto basilare che comporta il costruire relazioni positive, fornire valore alla comunità e mantenere fede alle promesse. Questo ti permetterà di guadagnare stima e fiducia nella tua rete di contatti, che in futuro si espanderà verso l'esterno, anche se al momento non hai un vasto numero di contatti o clienti.

# Il patrimonio relazionale[*]

Una pratica per la vita, un modo di essere e diventare.

Un patrimonio relazionale è la rete di connessioni sociali e relazioni interpersonali che una persona accumula nel corso della sua vita. È costituito da amicizie, parentele, conoscenze e relazioni professionali, scolastiche o sportive. Questo patrimonio è spesso sottovalutato o trascurato, ma è fondamentale per il successo personale e professionale.

Possediamo un patrimonio relazionale sin dalla nascita, ereditandolo e sviluppandolo costantemente. Spesso non ne siamo consapevoli poiché diamo per scontate le connessioni e spesso le separiamo erroneamente dalla sfera professionale. In realtà, vita e lavoro sono interconnessi.

Per ottimizzare il patrimonio relazionale al fine di realizzare obiettivi professionali, è essenziale:

- Raccogliere e catalogare dettagli delle relazioni in un database, all'inizio va bene anche un file tipo excel, includendo contatti anche apparentemente non pertinenti. Questo esercizio aiuta a prendere coscienza della vastità delle connessioni, utilizzando dati da social media, rubriche e memoria personale.

- Una volta raccolti, i contatti possono essere suddivisi in categorie come ad esempio amici, parenti, conoscenti e relazioni legate al contesto professionale, scolastico o sportivo. Successivamente puoi mappare lo stato empatico del contatto scegliendo un colore freddo per i contatti più formali, un colore tiepido per un livello di conoscenza attiva ma ancora superficiale, un colore caldo per contatti a te vicini che sono già fiduciosi in te, nella vostra relazione. Puoi sfaccettare questa scala di temperatura in molteplici colori e risettarli nel tempo.

[*] puoi approfondire ulteriormente questo tema a p.122 con il contributo di Claudio Messina

Le modalità di incontro e i legami che ci uniscono sono registrati anch'essi nel foglio di lavoro: data e luogo del primo incontro ad esempio. Ricordati di scrivere anche i contatti telefonici, siti web, social media. Se li conosci, aggiungi i gusti, gli hobbies ed ogni caratteristica utile ad accogliere l'altro da te come lui vorrebbe.

- Questo database permette di creare sottocategorie mirate per specifici progetti e obiettivi. Valorizzando le relazioni già esistenti, è possibile costruire reti di supporto, collaborazione e opportunità.

La consapevolezza di possedere un patrimonio relazionale ricco apre diverse possibilità per il raggiungimento dei propri sogni professionali.

# Le relazioni nel settore specifico: networking e collaborazioni

## Partecipare ad eventi e fiere di settore

Ogni settore professionale ha le sue fiere e luoghi d'incontro per scambio di conoscenze e affari. È così anche per l'arte e la cultura.
Spesso sento dire in fase di orientamento "ma io non conosco nessuno".
Frequentare fiere del libro, fiere o mostre d'arte, incontri e conferenze su temi storico artistici, serate di gala, concerti, sono ottime occasoni per entrare in rete con gli altri professionisti del tuo settore e sentirti parte del sistema incontro dopo incontro, settimana dopo settimana.

Per ottimizzare tempo ed energie, crea subito un ritmo. Scegli a quanti e quali eventi vuoi partecipare, considerando anche gli eventuali costi di partecipazione, trasferta e soggiorno.
Apri un nuovo file di lavoro, nominando il file con il titolo dell'evento a cui decidi di partecipare. Individua l'obiettivo che ti porta ad andarci, la data di partecipazione, il tema, il nome completo dei relatori, dell'organizzazione, degli espositori. Annota con una evidenziazione chi incontri più da vicino e le impressioni che hai avuto, i suoi interessi, gusti a cena e se scendete più in profondità, le aspirazioni di carriera, lo stato attuale della sua progettualità.

Ogni dettaglio potrà eserti utile un giorno se sceglierai di far nascere una relazione professionale con quella persona. Prendi i contatti e invia un ringraziamento entro un paio di giorni così da fissare la relazione allo stato conoscitivo di contatto reciproco. Se è il caso, prosegui uscendo individualmente con quella sinergia, visitando il suo luogo di lavoro oppure andando al suo prossimo evento e così via.

Fra queste persone possono esserci potenziali futuri amici, clienti, collaboratori. Questo lo si capirà con il tempo e con la cura della relazione.

## Collaborazioni e sinergie

Considera che se riesci a soddisfare veramente dei bisogni con i tuoi talenti e a sviluppare un'identità autentica, è improbabile che tu incontri degli ostacoli significativi. Rifletti attentamente su questa possibilità: potrebbe essere solo un pregiudizio? E se provassi ad iniziare senza avere un'idea preconcetta di come andranno le cose... Potresti scoprire opportunità di collaborazione e sinergie sorprendenti, anche là dove pensavi di non essere utile o in competizione.

Per ogni idea o progetto che farai ricordati che non sei solo: hai un vasto database da osservare e in cui fare ricerca mirata per ottimizzare le relazioni giuste per te e per l'altro, vincendo insieme in una nuova avventura professionale.

Ad esempio, per risolvere la necessità di un mio contatto, un imprenditore, sono riuscita a far incontrare il suo bisogno con il mio data base risolvendo un problema!

Indovina un po'?

Aveva bisogno di un'opera personalizzata da un artista che potesse lavorare dimensioni di 16 metri x 3 metri ed io ce l'avevo!

Ho vinto 2 volte:

1.  L'artista ha lavorato

2.  L'imprenditore ha sbloccato un business che si sarebbe aperto solo se avesse realizzato quell'opera perchè quella gli apriva le porte a molteplici altri lavori differenti in linea con la sua azienda.

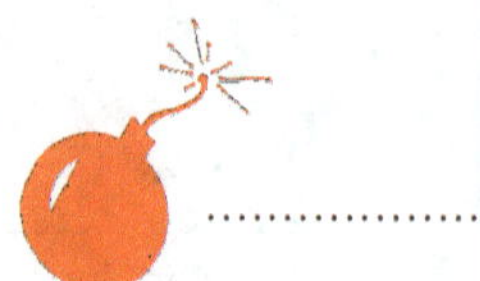

Si lo so, in tanti mi dite "l'arte è una
nicchia chiusa, quindi non ti fanno
entrare".

Il fatto è che si cerca per l'appunto di
entrare anzichè co-creare o anche solo,
al primo step, conoscere e ascoltare.

Potresti sempre essere tu a non voler
entrare se quello che vedi e ascolti non
ti piace...

# Azioni

In ambito di ricerche energetiche, il rosso e il nero sono colori che ci radicano alla terra. Ci fanno sentire qui e ora nella nostra missione portando energie creative volte a tenerci in piedi e operare.

Come orientatrice di carriera e formatrice ho scelto di sviluppare il self coaching e di trasmetterlo come competenza trasversale alle persone che si affidano a me.

Inoltre, ho degli stimati colleghi coach con i quali condivido una parte del percorso ISPIRA. Qualora riconoscessi la necessità di una guida esclusivamente dedicata al coaching, lavoriamo insieme nell'ottica della multidisciplinarietà.

Voglio quindi trasferirti il noto modello di coaching GROW il quale può aiutarti ora a mettere in ordine tutto il lavoro fatto fino a qui.

Questo modello è stato ideato da John Whitmore[1], uno dei padri fondatori del coaching, e puoi trovarne le teorie e le pratiche molto facilmente online, in corsi ad hoc oppure in percorsi di coaching con una figura professionale dedicata.

Ti lascio un'infarinatura per inizare a praticare:

G di goal (obiettivo)

R di reality (fotografia della realtà)

O di options (che opzioni hai a disposizione?)

W di Who, What, Where, When + Will (chi fa cosa, dove e quando, la volontà)

---

1       Coaching - Come risvegliare il potenziale umano nella vita professionale e personale, John Whitmore, Unicomunicazione, Revisione 2018

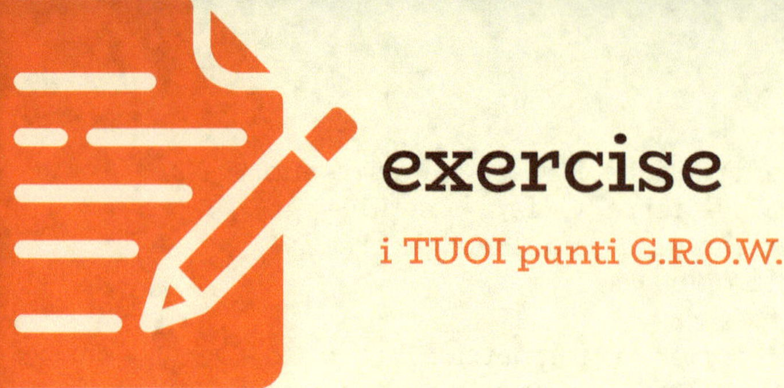

**Fai questo esercizio, compila questi campi:**

### G di GOAL

Trascrivi qui l'obiettivo che hai elaborato nei capitoli precedenti, quello dettagliato, definito, sostenibile, temporizzato, che indica un risultato

..................................................................

..................................................................

..................................................................

..................................................................

..................................................................

..................................................................

..................................................................

..................................................................

..................................................................

..................................................................

..................................................................

# R di REALITY

Scrivi il tuo stato attuale in termini di lavoro e carriera, soddisfazione o insoddisfazione, economie e finanza personale, strumenti di lavoro e competenze, relazioni e reti di appartenenza, risultati e traguardi, il CV, un social, un sito, un talento, una sensibilità, l'automobile, i titoli, insomma tutto ciò che puoi mettere in campo oggi per iniziare ad andare verso la tua carriera.

È molto utile apprendere ciò che occorre anche da una ricerca di mercato e spuntare ciò che hai già per isolare e dare attenzione anche a quello che va colmato.

..........................................................................

..........................................................................

..........................................................................

..........................................................................

..........................................................................

..........................................................................

..........................................................................

..........................................................................

..........................................................................

..........................................................................

..........................................................................

..........................................................................

## O di OPTIONS

Adesso via libera alla creatività senza limiti. Tutte le idee che ti vengono in mente per far partire la carriera ora sono valide! Ragiona in modo libero, anche non troppo razionale perchè qui si sviluppa l'intuizione creativa e potresti avere l'idea giusta proprio ora! Anche se appare strana o impossibile.
Che cos'altro puoi fare per ottenere il risultato che ti sei prefissato?
Pensa a chi ci è già riuscito, come ce l'ha fatta?
Quali altre risorse puoi sviluppare per ottenere il risultato che desideri?
Quale persona potrebbe suggerirti ulteriori opzioni?

Ti propongo in questa fase di leggere *Sei cappelli per pensare. Manuale pratico per ragionare con creatività ed efficacia*, un libro di Edward De Bono pubblicato da Rizzoli

..........................................................................................

..........................................................................................

..........................................................................................

..........................................................................................

..........................................................................................

..........................................................................................

..........................................................................................

..........................................................................................

..........................................................................................

**W di Who, What, Where, When + Will (chi fa cosa, dove e quando + la volontà)**

Ora metti in elenco ogni compito pratico e azioni che ritieni valide per iniziare il tuo progetto di inserimento professionale in arte e cultura.
Quali azioni? Chi fa queste azioni? Quando farle ed entro quando? Come e dove?

......................................................

......................................................

......................................................

......................................................

......................................................

......................................................

......................................................

......................................................

......................................................

......................................................

......................................................

......................................................

......................................................

......................................................

W di Who, What, Where, When + Will (chi fa

......................................................

Partendo dalla prima cosa necessaria, quella che sblocca tutte le altre, questo è il tuo prossimo obiettivo.

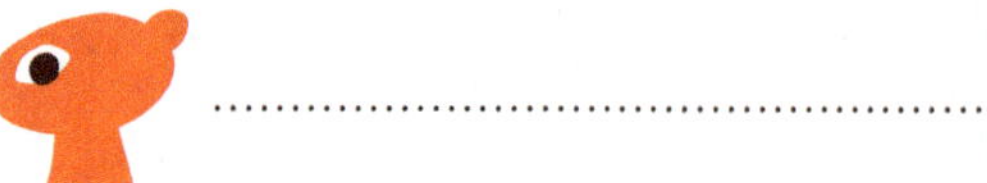

Decidi la data di inizio e a seconda
delle varie attività, assegna una
data di fine e una time line di azioni
programmate nel quotidiano.

Ad esempio: "voglio aprire la partita
iva entro un mese" necessita del nome
di un commercialista per prendere
informazioni, di una data di incontro e
delle varie date successive di sviluppo.
L'incontro avrà un luogo, un'ora e una
modalità.

# conclusioni

Mi verrebbe da scrivere "iniziazione" più che conclusioni, ma sarei troppo mistica.

Per questo concludo con il desiderio di averti incuriosito, informato, illuminato su alcuni punti deboli in ambito di ricerca del lavoro in arte e cultura e di averti passato alcune strategie semplici che, se applicate, sbloccheranno gli step successivi in modo automatico.

Questa è una guida, usala passo a passo. Letta tutta insieme, senza fermarsi a fare tutti gli esercizi, può essere poco efficace.

Quello che non è fluente e ti si presenta in blocchi all'azione, va trattato con esperti come psicologi del lavoro, coach, cousellor, orientatori professonali.

Cerca aiuto e affidati al mentore che senti essere quello più allineato alla tua percezione.

L'arte e la cultura aprono le porte a molteplici carriere, prova a lasciare scivolare via il pregiudizio secondo cui è un ambito di lavoro per pochi e inizia a farti avanti con strategia incanalando tutte le tue energie, studi, competenze e talenti in un piano di inserimento consapevole e organizzato.

Prima intuisci chi veramente vuoi essere stilando un elenco delle tue propensioni e passioni e delle professioni già esistenti per vedere a cosa ti avvicini lasciando anche aperta l'opzione che puoi crearne di nuove se vuoi.
Poi metti sostanza alle tue intuizioni iniziando ad abbozzare un'idea più concreata.

A questo punto inizia a progettare rispettando la tua identità, attirando relazioni affini e potenzianti e passando all'azione pratica tramite l'individuazione di obiettivi pratici, sostenibili, temporizzati che indichino un risultato misurabile.

Se serve aiuto, alza la mano. Fa parte della mia responsabilità sociale d'impresa offrire un appuntamento gratuito come sportello di ascolto.

Come orientatrice riconosciuta, ti lascio quindi il mio riferimento **www.deborahmendolicchio.it**

# contributi speciali

# Nutrire la relazione
di Claudio Messina

Collaboro ormai dal 2018 con il business coach Claudio Messina, consulente di marketing delle relazioni e autore, fra blog, riviste e libri, anche di Nutrire La Relazione. Dall'io al tu per giungere al noi, edito Space4business 2023, nel quale afferma un concetto che desidero lasciarti come riflessione e approfondimento in tema di relazioni umane nel mondo del lavoro:

"Quando sono gli altri a venire da noi, non li conosciamo; siamo noi che dobbiamo andare da loro per imparare chi siano"

Johann Wolfgang Goethe

Spiegarti questo concetto sarà particolarmente importante, perché è su questa base che si poggia la quasi totalità degli assunti che ti andrò a elencare per la miglior riuscita di una qualsiasi relazione.

Il concetto del "noi" è alla base del nutrimento paritario in qualsiasi contesto, ma ancora di più quando si parla di dover sorreggere qualche cosa che in ogni momento può essere minata da voci, situazioni, periodi, contingenze, come anche condizioni economiche, di salute, di umore e chi più ne ha più ne metta.
Il vecchio adagio della saggezza popolare che recita: "tratta gli altri come vorresti essere trattato tu", è spesso denominato come "regola d'oro", ma in effetti è una visione univoca di una corretta relazione. Sì, è vero, se tu stai bene sei in grado di far stare bene anche gli altri, ma è solo metà del concetto, hai affrontato solo il 50% del dilemma.
Troppe volte negli anni ho visto persone che portavano avanti relazioni di qualsiasi genere, soprattutto d'affari, pensando sempre e solamente a sé stessi.
Non è solo una questione di egoismo o di egocentrismo, è una cattiva concezione del complesso contesto che regola qualsiasi tipo di mondo o micromondo in cui siano racchiusi più attori a interpretare una parte.
Se per tutta la vita facessi qualcosa per il solo piacere di farlo, reputando che fosse l'unica cosa giusta da fare, nel caso in cui mi accorgessi di aver sbagliato mi verrebbe subito in mente di chiedere conferma ai miei partner relazionali del mio operato?

Sai, fino a prima di prendere consapevolezza di quanto profonda e ramificata possa essere una relazione seppur semplice, non mi sarei mai posto questo tipo di interrogativo. Adesso sì, perché sarebbe un chiarimento, un modo di crescere ulteriormente e un altro mattone da aggiungere alla solida base di una relazione nutrita secondo regole etiche e morali.

In effetti è un grande sforzo uscire dalla consapevolezza di non essere sempre soli e unicamente importanti, ma di dover interagire, alle volte in maniera anche empatica, con le persone che abbiamo davanti o con le quali stiamo conducendo delle relazioni, magari a distanza.
Attento però, ho detto che non è facile, non che sia impossibile, anzi con la pratica potrebbe diventare una prassi di immediata semplicità da attuare. In ultima analisi pensa a come sarebbe sbilanciata dal punto di vista degli apporti la relazione in questa eventualità: ammettendo il caso di un rapporto a due, dove entrambi pensano prevalentemente al bene di sé stessi, si avrebbe una continua misura di due pesi non condivisi. E la fiducia che fine farebbe?
Se ognuno continuasse a coltivare il proprio orticello senza mai tendere una mano verso l'altro, come potrebbe esistere un rapporto fiduciario? Normalmente in questi casi si può incontrare una sorta di sacrificio da parte di una delle due parti per il bene della relazione in quanto tale. Situazione valida? Solida? Durevole? Io dico di no.
Dall'altra parte c'è tutto il mondo dell'altruismo,

dove molte persone si preoccupano tanto, alle volte in maniera eccessiva, degli altri, di come possano stare, di cosa possano aver bisogno e, in alcuni casi anche in maniera deteriore, di cosa possono pensare. Infatti anche concentrarsi completamente sull'altra parte della relazione, su quel "tu" che ho indicato nel titolo del capitolo, porta a una cattiva riuscita in ambito relazionale, sempre in virtù di quello sbilanciamento di valori che citavo prima.

Il vero pericolo è quello di dover tralasciare i propri agi, le proprie comodità, i propri interessi o le proprie aspirazioni, solo ed esclusivamente pensando, in maniera errata, che compiacendo la controparte stiamo facendo la fortuna della relazione.
Anche in questo caso quanto può diventare pesante una relazione di questo tipo? Ma soprattutto, lo chiedo a te, ti sentiresti a tuo agio con una persona in grado esclusivamente di dare senza ricevere mai di contro qualcosa? Ricordiamoci sempre che stiamo parlando di nutrimento e scambio relazionale che non contempla solamente questioni meramente materiali.
Mi raccomando non vedere questi esempi o queste raccomandazioni solo ed esclusivamente per giungere al punto di vista materiale ed economico. Il nutrimento della relazione passa attraverso un numero indescrivibile di azioni, intenti, pensieri e favori. In entrambi i casi sopra citati è proprio quel "noi" che viene a mancare e che bisogna coltivare in maniera continuativa e paritaria fin dall'inizio di una qualsiasi relazione.

Pensa solamente al campo affettivo, alle prime cottarelle giovanili nelle quali sovente capita che uno dei due protagonisti sia follemente innamorato, mentre l'altro ha per la testa quasi esclusivamente i suoi impegni.

Come, quanto e perché possa o debba durare una relazione di questo genere non è dato saperlo, la statistica indica come risposte: male, poco e per volontà di uno solo. Ma diventando più grandi e spostandoci in campo business, facciamo l'esempio di due soci di una stessa azienda alla quale partecipano in maniera paritaria al capitale sociale, dividendolo metà e metà; se gli sforzi profusi per la buona riuscita dell'impresa fossero solo da parte di un socio, e risultassero essere sproporzionatamente più elevati rispetto a quelli dell'altro comproprietario, che magari li schiva per accidia, a meno di particolari accordi preliminari, la società potrebbe procedere e prosperare?

Anche in questo caso dico di no. E bada bene che il più delle volte, in situazioni similari a quella descritta, non c'entreranno quasi mai i guadagni, il denaro in sé o i beni materiali: sarà sempre l'impegno personale quello che farà la differenza.

La vera crescita relazionale la troviamo dove c'è un impegno personale motivato da entrambe le parti, spontaneo e non sollecitato, con dei fini che abbiano come termini qualcosa di comune.

A questo punto prova a immaginare una relazione di business dove fin dall'inizio sia tu sia il tuo o i tuoi interlocutori, che ancora magari non conosci approfonditamente, iniziate a condividere idee, conoscenze, fatti e informazioni utili e propositive, in modo tale da potersi conoscere sempre di più reciprocamente, fino a poter dire veramente che quella relazione non esiste grazie a un io o a un tu, ma viene tenuta saldamente in piedi anche grazie a un noi. Sì, ho scritto "anche" perché il noi non potrà mai esistere senza una ben determinata dose sia di io sia di tu. Non esistono percentuali, suddividere l'apporto e l'impegno tra io, tu e noi in tre parti da un terzo l'una potrebbe essere corretto per una ben determinata relazione, mentre per un'altra, benché simile, sarebbero necessari bilanci differenti.

Dove sta il trucco?

Semplice, nella tua sensazione, nelle tue percezioni, nel tuo modo di gestire e nutrire la relazione con il tuo o i tuoi partner. La relazione è qualcosa che nasce da un insieme di tre attori. Se provi a fare mentalmente tutte le combinazioni dei partecipanti ti accorgerai che la mancanza, non unicamente fisica, anche di uno solo comporta l'annullamento della relazione stessa così come te la sto illustrando.

Io senza tu non potrà mai diventare noi. Allo stesso modo tu senza io non potrai mai diventare noi. E infine io e tu senza noi non avremo mai la possibilità di portare avanti una relazione proficua e nutrita in modo da poter evolvere nel tempo.
Come piccolo corollario ti metto di seguito tre

cose che, oltre a non essere necessarie, sono fortemente sconsigliate in quanto minano le basi della relazione. Come prima ti metto l'eccesso di curiosità. Può portare a brutte esperienze nel momento in cui si vuole entrare troppo nella sfera personale del nostro partner relazionale. Chiaramente parliamo relazioni di business ed escludiamo i casi in cui non ci sia già una conoscenza assodata o durevole nel tempo.

Per secondo ti cito l'eccessiva verbosità. La frenesia di passare in pochi istanti quante più informazioni di sé all'altra persona espone a parecchi rischi, a partire dalla perdita di buona parte delle informazioni dovuta all'eccesso di dati, fino alla perdita cosciente e selettiva di una gran parte delle indicazioni da parte di chi sta ascoltando con noia o disinteresse.

E infine una pratica relativa alla cura iniziale, e al nutrimento successivo della relazione, che ho visto funzionare poco è l'eccessiva programmazione dello scambio delle informazioni.

Arrivare a segnare in agenda un giorno specifico della settimana in cui scambiare informazioni relative alla relazione per alcuni può risultare impositivo, impersonale e quasi robotico.

Attento! Non sto parlando di uno scambio di dati o di informazioni relativi a un progetto a cui si sta partecipando in comune, sto parlando di ragguagli o spiegazioni riguardanti la relazione stessa o lo scambio di informazioni personali.

Il vero segreto per coltivare il noi è darsi i giusti tempi, cercarli attraverso le abitudini e le necessità di tutti i partecipanti alla relazione; è una ricetta che passa attraverso il trovare i giusti toni con cui ci si scambiano le informazioni, che alle volte possono essere anche sensibili, fino ad arrivare al luogo o alla modalità dell'incontro in cui svolgere questa pratica.
Ma la norma delle norme è unicamente una: farlo e farlo bene.

Applicando queste semplici regole, in abbinamento ad altri insegnamenti che ti andrò a proporre più avanti nel libro, arriverai un giorno a scoprire che in quella particolare relazione che hai in atto non si vedono più figure distanti, bensì un noi saldato sicuramente da una grande fiducia, tanta carica e tantissima voglia di fare, ma soprattutto da un io e da un tu partecipi, attivi e attenti. La parola magica in questa danza relazionale è "armonia". Armonia nel conoscersi, armonia nel donarsi, armonia nel condividere oneri e onori, armonia nel pianificare un divenire che con armonia sarà vissuto. Armonia per nutrire al meglio il "noi" e permettere che esista ed evolva contribuendo all'inevitabile crescita del Tu e dell'Io, un vero e proprio win win win. A proposito di "win", parlo sempre del luogo adatto, del posto adeguato, del locale giusto, ecco che nel prossimo capitolo ti parlerò proprio di questo: di dove riuscire a stare bene per fare questa cosa fantastica che è il nutrimento della relazione.

# Schema di CV da compilare e personalizzare per iniziare

# NOME COGNOME

## SPECIALIZZAZIONE

---

## PROFILO PERSONALE
ULTIMI ANNI (A RICHIESTA POSSO INVIARE ANCHE ESPERIENZE PRECEDENTI)

(esempio) Sono un curatore d'arte appassionato di project management e supporto economico finanziario alle imprese culturali. Unisco passionalità creativa a senso pratico, con determinazione e spirito di squadra. Nessuno fa nulla da solo, per questo lavoro in team creando ottime relazioni.

---

## ESPERIENZE DI LAVORO

### CURATELA MOSTRA XXXXX
*Data luogo*

- Di cosa ti sei occupato?
- Chi era il tuo committente?
- Quali competenze hai messo in campo

### DIRETTORE DEL PROGETTO TAL DEI TALI
*Data luogo*

- Di cosa ti sei occupato?
- Chi era il tuo committente?
- Quali competenze hai messo in campo

### STAGE O TIROCINIO TAL DEI TALI
*Data luogo*

- Di cosa ti sei occupato?
- Chi era il tuo committente?
- Quali competenze hai messo in campo

---

## FORMAZIONE

### MASTER/SPECIALIZZAZIONE
*Titolo / anno*

### UNIVERSITÀ O TITOLO ACCADEMICO
*Titolo / anno*

Autorizzo il trattamento dei miei dati personali ai sensi ai sensi del Decreto Legislativo 196/2003, coordinato con il Decreto Legislativo 101/2018, e dell'art. 13 del GDPR (Regolamento UE 2016/679) ai fini della ricerca e selezione del personale.

---

## CONTATTI

- 📞 000-0000000
- ✉ xxx@xxxxxxxxxx.com
- 🌐 indirizzo del tuo sito se ce l'hai, in alternativa va bene un social media legato alla tua professionalità

## COMPETENZE

esempio "creazione eventi"

"scrittura di contenuti culturali"

"progettazione di percorsi museali"

"redazione di libri e cataloghi"

## CONOSCENZE INFORMATICHE

Nome software che conosci

Nome sistema operativo che conosci

Nome tools che usi bene

Nome software di videocomunicazione

Nome di software per email marketing (sono esempi)

## COMPETENZE PERSONALI

Creatività

Lavoro di squadra

Lavoro per obiettivi

Problem Solving

Empatia realzionale

# Lettera di accompagnamento al CV

Gentile (Nome del Recruiter),

Mi presento con interesse e con il desiderio di esplorare le opportunità di collaborazione nell'ambito dell'arte e della cultura, rispondendo all'offerta di lavoro xxxxxx presso (Nome dell'azienda o istituzione).

Nel corso degli anni, ho acquisito una base di conoscenze e competenze nel settore che vorrei mettere a disposizione del votro progetto.

Mi rendo conto del grande impegno richiesto in un processo di selezione e desidero ringraziarla sin da ora per il tempo e l'attenzione che dedicherà alla mia candidatura.

Sono aperto al dialogo e disponibile a fornire qualsiasi ulteriore informazione o chiarimento necessario riguardo alle mie competenze e alla mia esperienza.

La ringrazio ancora per l'attenzione e le chiedo gentile riscontro anche in caso di diniego.

Cordialmente,

(il tuo nome)

about

## Ringraziamenti.

Ringrazio Elisabetta Carlino, Storica dell'arte, curatrice d'arte e diagnosta multimediale perito e CTU del Tribunale di Urbino, per i confronti e dialoghi su alcune tematiche di questo libro.

Ringrazio Claudio Russo Art Advisor per avermi fatto da specchio, è molto importante il riscontro esterno di un poteziale fruitore quando si crea uno strumento di lavoro pratico.

**Un ringraziamento speciale a Claudio Messina per aver contribuito con il concetto di Nutrire la Relazione.**

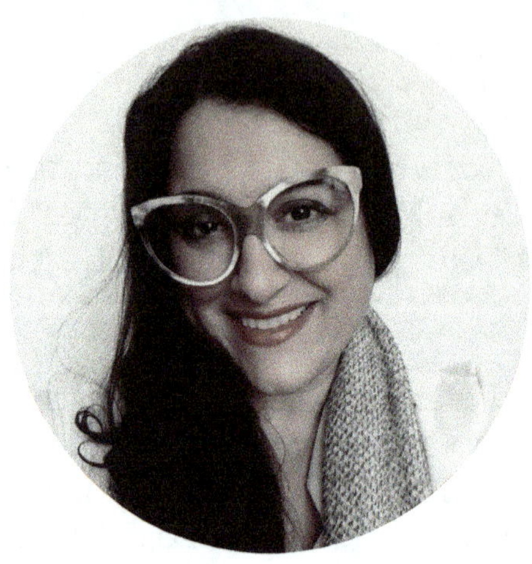

l'autrice
## Deborah Mendolicchio

"Aiuto neolaureati ed aspiranti operatori di settore arte e cultura, ad orientarsi professionalmente e guadagnarsi da vivere, con realizzazione ed abbondanza, grazie al modello di orientamento depositato I.S.P.I.R.A. ®"

I suoi studi accademici e master, spaziano dalla storia e metodologia della critica d'arte, all'estetica, antropologia culturale, educazione artistica, teorie della percezione visiva, marketing e comunicazione che le permettono di maturare la professione di consulente in arte dal 2005.

Del 2016 ha creato, formato e diretto reti di vendita di arte contemporanea per conto di gallerie italiane ed estere specializzandosi in formazione, oggi riconosciuta AIF.
Contemporaneamente Deborah ha svolto studi nel campo delle pubbliche relazioni

e ricerca di referenze profilate dei clienti diventando direttrice di gruppi di lavoro e mentore riconosciuta nell'ambito del networking professionale. Queste esperienze l'hanno portata a diventare esperta in art business intelligence creando reti specifiche sul settore bancario artistico e finanziario organizzando team di lavoro con avvocati, consulenti finanziari, commercialisti, curatori fallimentari, gestori patrimoniali insieme a mercanti, curatori, aste e galleristi.

Autrice del corso edito UniD riconosciuto dal MIUR dal titolo Art Advisor, ha contribuito alla creazione di master e corsi per aspiranti operatori culturali, con competenze in coaching di primo livello. Head Hunter e servizi alla carriera della Rome Business School.
È impegnata in percorsi di orientamento professionale all'autoimpiego anche in ambito del progetto governativo di Politiche Attive del lavoro denominato GOL

Scansiona il codice qua accanto per iniziare subito a frequentare il corso MIUR e ad ottenere la tua certificazione

**www.deborahmendolicchio.it**

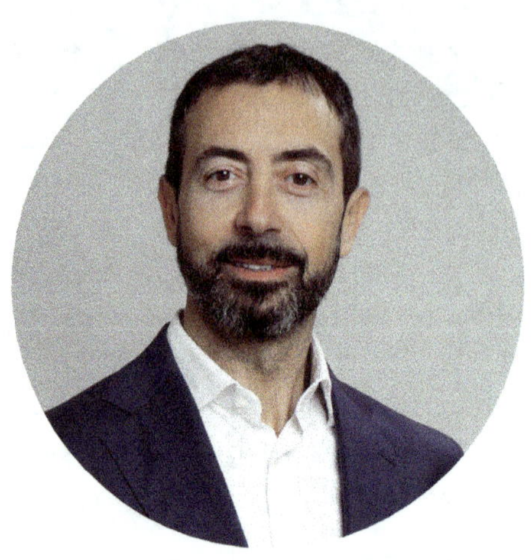

Contributor
Claudio Messina

Claudio Messina è uno speaker ad eventi nazionali ed internazionali, un formatore per professionisti ed imprenditori, un esperto di marketing relazionale, uno speaker a TEDx, ma soprattutto è l'ideatore di due progetti innovativi: "Referral Tasting" e "Nutrire la relazione".
Pugliese di nascita ma emiliano di adozione, ha passato buona parte della sua infanzia a Parma, città dove ha studiato.
Per circa vent'anni ha affinato le proprie capacità imprenditoriali e manageriali sia in Italia che all'estero, fino al 2011, anno in cui la sua strada "passa a fianco" del franchising BNI, la più grande organizzazione mondiale di marketing referenziale. Ne comprende subito le potenzialità e vi aderisce iniziando una carriera che lo ha portato a ricoprire le cariche di District Director per supportare lo sviluppo dei nuovi franchisee italiani, Executive Director in più regioni italiane, in particolare Emilia Ovest, per collaborare infine con l'ufficio nazionale in qualità di Presidente del Franchise Advisor Council tra il 2020 ed il 2022.
Ha studiato, sperimentato e implementato la materia del marketing relazionale, anche grazie alle molte ore di interviste a imprenditori e professionisti raccolte nel cor-

so degli anni; ad oggi, con all'attivo centinaia di ore di aula davanti a oltre circa ventimila corsisti, vanta una serie di storie di successo occorse a persone che hanno seguito ed implementato nel business i suoi metodi.

Da sempre affascinato dalle relazioni interpersonali e dal business ha deciso di affiancare le due cose guardandole da punti di vista particolari: la tavola e l'aspetto emozionale. Nascono così due progetti: nel primo conia un neologismo "Referral Tasting" e ne scrive un libro che si intitola appunto "Referral Tasting, ovvero Business a tavola", nel secondo mette tutta la sua esperienza diretta oltre che una enorme documentazione raccolta in oltre vent'anni di interviste, facendone il progetto della vita: "Nutrire la relazione", secondo libro pubblicato in aprile 2023.

Insieme al suo socio e collega storico progetta e costruisce "Relationship Master" il più grande progetto formativo sulle relazioni basato su esperienze e competenze dei fondatori e di un nutrito team di esperti. Formazione, consulenza e coaching dirette ad un pubblico imprenditoriale e professionale con percorsi strutturati, workshop, seminari e teambuilding.

La continua ricerca ed il consolidamento di relazioni importanti gli ha permesso di realizzare un nuovo progetto di squadra, un terzo libro che si pone come obiettivo di essere la guida assoluta nel modo delle interazioni umane, con particolare accento su quelle professionali: "La Nuova Economia delle Relazioni". Scritto con autori del calibro di: Jack Canfield, Ivan Misner, Andrea Colombo, Daniela Antongiovanni e Giacomo Bruno.

Da oltre 15 anni effettua almeno 10 incontri personali alla settimana con professionisti ed imprenditori, per meglio comprendere l'evoluzione del business e del marketing relazionale.

È appassionato di free climbing, pesca sportiva ed enogastronomia

Il suo motto lo ha preso in prestito da una nota marca di calzature e abbigliamento sportivo: "Just do it!"

https://www.linkedin.com/in/messinaclaudio/
www.claudiomessina.it
www.relationshipmaster.it

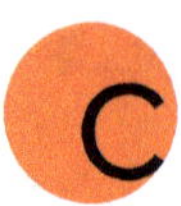

# Collezione da Tiffany

Nato il 5 giugno 2012, Collezione da Tiffany è il primo Blog italiano interamente dedicato al collezionismo d'arte contemporanea.

Ogni settimana Collezione da Tiffany offre ai suoi lettori una tappa nello strano mondo del collezionismo, parlandone da vari punti di vista: storico, psicologico, tecnico-pratico, finanziario e legale.

Ma anche raccontandone le storie e le esperienze più interessanti; presentando i luoghi e i nomi della scena artistica contemporanea del nostro Paese.

Insomma, un blog pensato per chi ama l'arte, vorrebbe acquistarla, ma non sa da dove cominciare e, soprattutto, dove e come cercare.

Gli obiettivi principali di Collezione da Tiffany sono:

favorire la nascita, in Italia, di un collezionismo giovane e consapevole;

diffondere la conoscenza e la passione per l'arte contemporanea in ogni sua forma

valorizzare progetti indipendenti legati al mondo dell'arte contemporanea

promuovere i
giovani artisti
italiani di
talento;

scoprire i
"segreti"
del mercato
dell'arte, così
da renderlo
accessibile
a tutti

**www.collezionedatiffany.com**

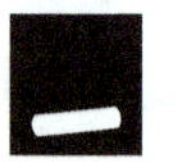



con-fine è una casa editrice nata nel 2006 e specializzata in pubblicazioni d'arte e cultura.

Dopo 15 anni dedicati alla realizzazione di cataloghi di artisti e grandi mostre (oltre 150 pubblicazioni) dal 2021 con-fine diventa editore di Collezione da Tiffany e si focalizza esclusivamente sul mondo del collezionismo, progettando una serie di pubblicazioni sulle tematiche che riguardano questo settore: acquisto, vendita, mercato, conservazione ed aspetti legali, nonchè racconti e storie di piccoli e grandi collezionisti.

www.con-fine.com

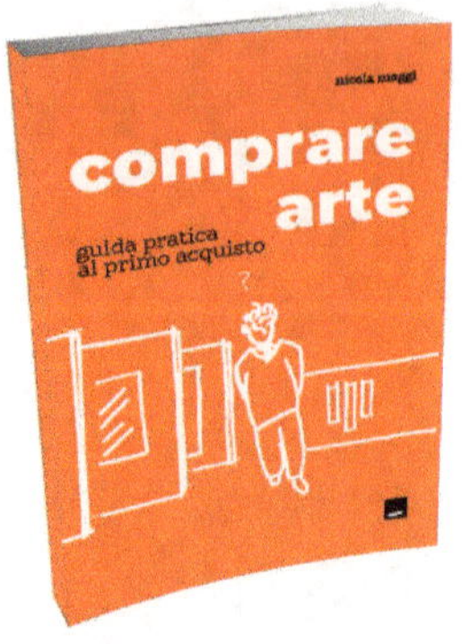

Comprare arte è la guida pratica che ti aiuterà a muovere i tuoi primi passi nel mondo del collezionismo, senza la paura di sbagliare.

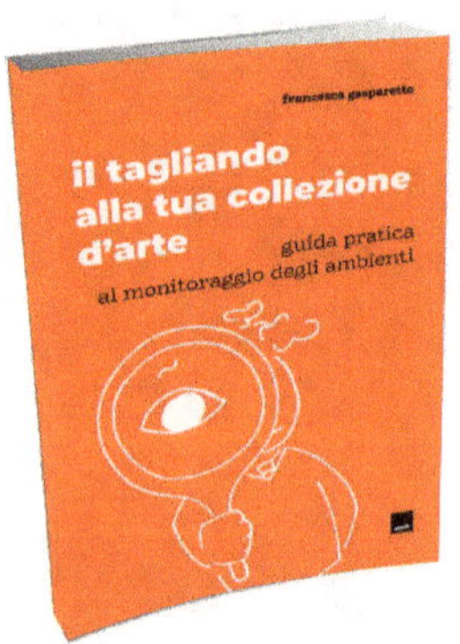

Una guida per chi vuole avvicinarsi al delicato tema della conservazione e della cura di una collezione d'arte.

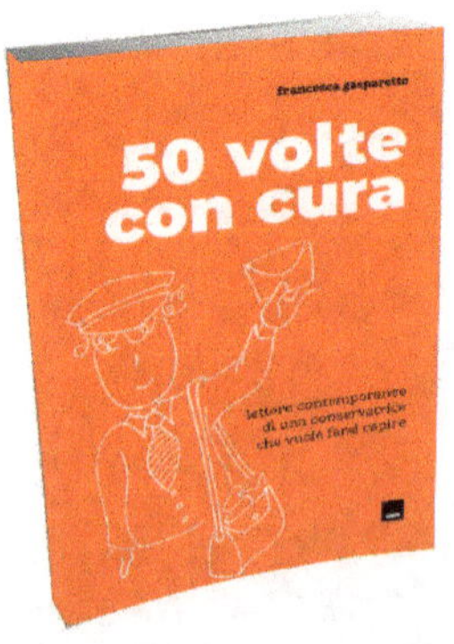

Scopriamo cosa significa prendersi cura delle opere d'arte attraverso la rilettura dei fatti di cronaca, delle news dal mondo dell'arte e delle abitudini di ogni giorno.

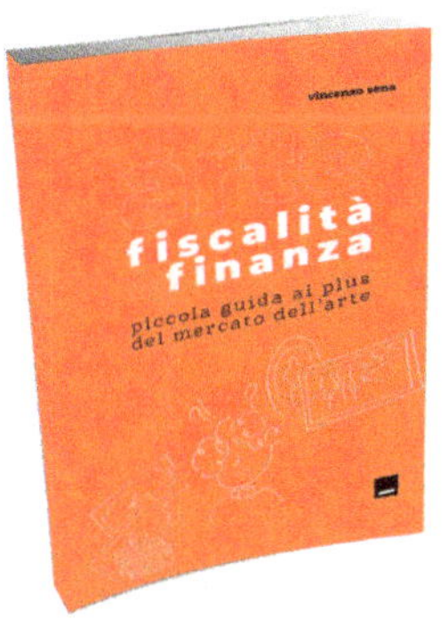

Un primo spunto verso l'interazione dinamica tra le regolamentazioni fiscali, le strategie finanziarie e il vivace mondo dell'arte.

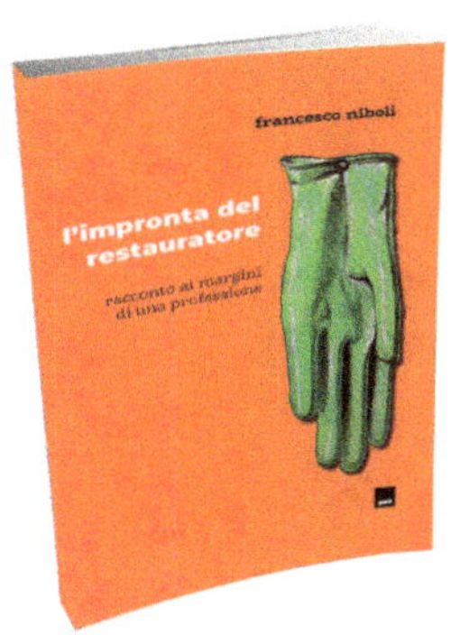

Una mappa "sentimentale" del restauro e della conservazione, che ci accompagna fra una serie di riflessioni su concetti chiave, materiali, personaggi e storie.

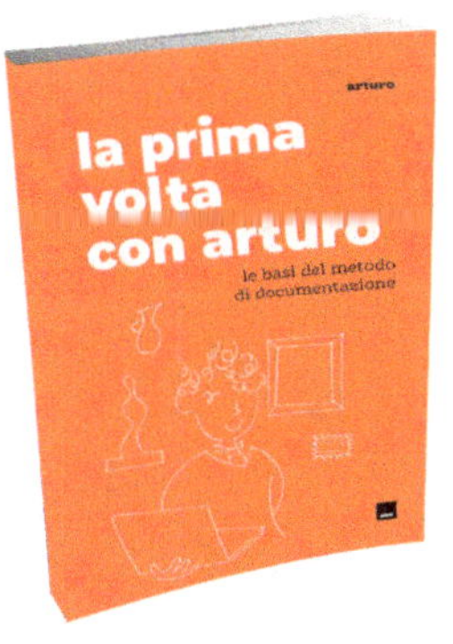

Una breve guida che arturo e Collezione da Tiffany hanno pensato per chi vuole essere accompagnato nei primi passi di un'attività di archiviazione e documentazione di una collezione d'arte e non.

Finito di stampare
per conto di con-fine
nel Giugno 2024

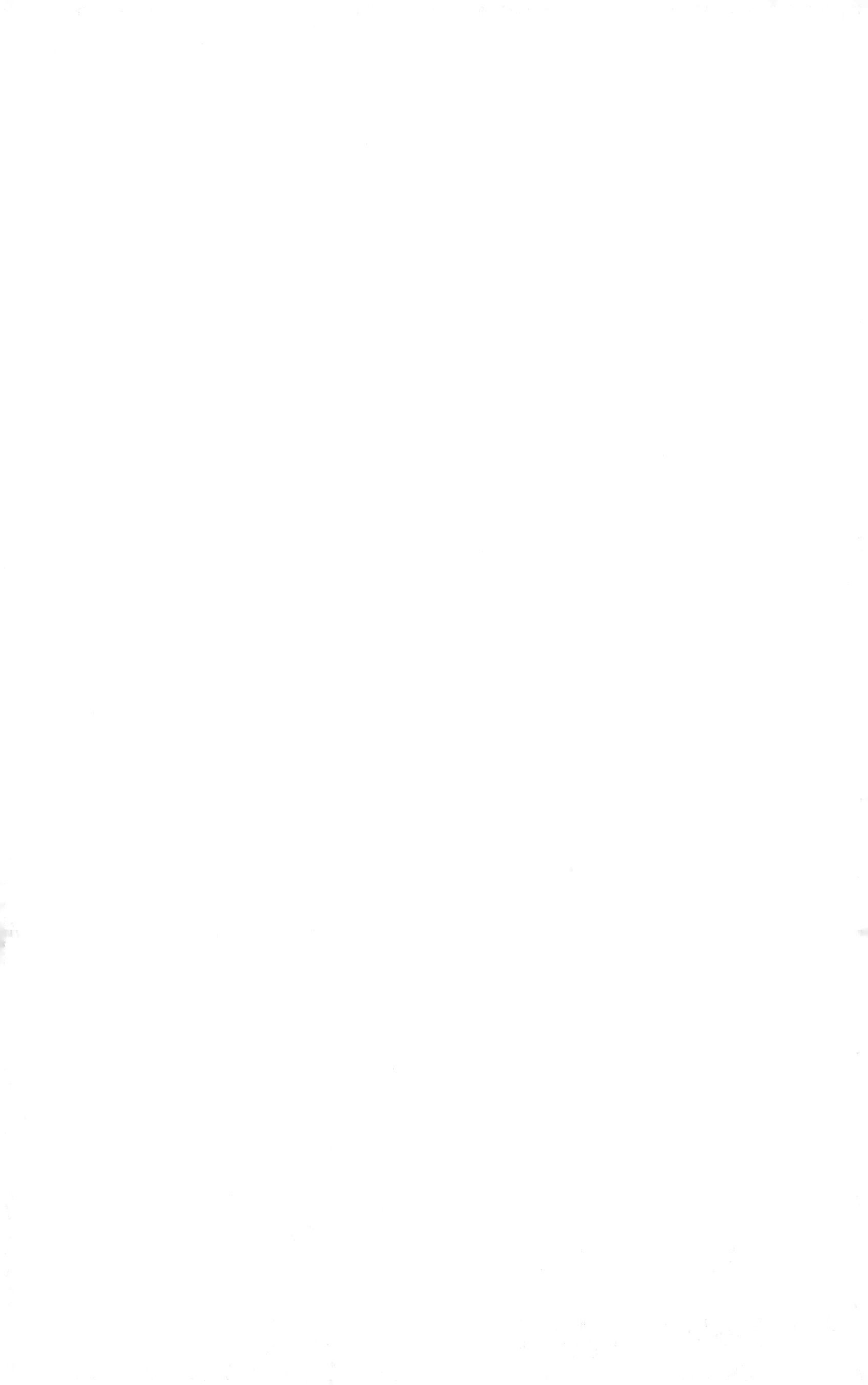

www.ingramcontent.com/pod-product-compliance
Lightning Source LLC
LaVergne TN
LVHW010818200726
843507LV00003B/637